Bettina Friedenberg · Matthias Ohnsmann

Zeitreise durch Berlin und Brandenburg

Ausflüge in die Vergangenheit

Wartberg Verlag

Kartenausschnitte: Landesvermessungsamt Brandenburg;
Fotonachweis: Farbaufnahmen Wolfgang Landgrebe, Ute Beneke, außer Seiten 31 und 83 Matthias Ohnsmann; Roger Drescher S. 74/75;
Historische Aufnahmen: Sächsische Landesbibliothek Dresden, Seiten 13, 29, 56 57, 78; Privatsammlung Preibisch Forst: Seite 55;
Stiftung Deutsche Kinemathek, Berlin: Seite 67

1. Auflage 1996

Druck: Bernecker, Melsungen
Buchbinderische Verarbeitung: Hollmann, Darmstadt

34281 Gudensberg-Gleichen, Im Wiesental 1, Tel. 05603 / 4451 u. 2030
ISBN 3-86134-331-2

INHALT

Vorwort

Dieses Buch will zweierlei: Sie über Stationen der Geschichte in Berlin und dem heutigen Bundesland Brandenburg informieren und Sie zu Ausflügen zu historischen Orten motivieren. Diese beiden Bestandteile stecken in dem Titel „Zeit-Reise durch Berlin und Brandenburg."

Geschichtsbücher sind oftmals etwas mühsam zu lesen, es wird nicht recht vorstellbar, wie es denn damals nun zugegangen ist. Doch Geschichte ist nicht (nur) graue Theorie. Sie wird von Menschen gemacht, sie passiert an bestimmten Orten. Die Städte, Dörfer und Landschaften unserer Gegenwart waren Schauplätze „großer" und „kleiner" historischer Begebenheiten. Den Spuren dieser Ereignisse wollen wir folgen. Das gestaltet sich mitunter recht schwierig. Reste von steinzeitlicher Kultur beispielsweise sind oft kaum noch zu entdecken. In einem solchen Fall kann der „historische Spaziergang" besser im Museum stattfinden, wo die archäologischen Funde so aufbereitet sind, daß man mehr damit anfangen kann, als wenn man im Wald steht und rätselt, ob denn der bewachsene Erdhaufen am Weg natürlichen Ursprungs oder von Menschenhand gemacht ist. Andere Ziele sind von sich aus anschaulich: Streift man durch eine Burgruine oder ein Schloß, kann man sich schon eher in frühere Zeiten hineindenken.

Die Auswahl der in diesem Band vorgestellten Orte ist subjektiv, aber nicht beliebig. Sie spielten alle eine Rolle in der Geschichte unserer Region. Sicherlich hätten noch weitere Dörfer und Städte behandelt werden können. Hier galt es abzuwägen, historische und aktuelle Grenzen zu berücksichtigen und nicht zuletzt auch darauf zu achten, daß das Buch nicht zum „Wälzer" gerät, der sich kaum als Reisegepäck eignet. Die Lektüre dieses Bandes soll Ihnen Lust machen. Lust auf die Geschichte der Region und Lust darauf, sich die Schauplätze einmal anzusehen.

Vom Auftreten der ersten Menschen bis in die Gegenwart spannt sich der Bogen unserer „Zeitreise". Es ist eine bewegte Geschichte, die wir da vor Augen haben. Verschiedene Kulturen treffen aufeinander, wirtschaftliche Umstrukturierungen und politische Veränderungen bringen ständig sich ändernde Gegebenheiten hervor. Die Geschichte der Region steht in enger Wechselbeziehung zu den großen „welthistorischen" Strömungen.

Geschichte ist nicht nur die der „großen Namen" oder berühmter Schlachten. Was haben die sogenannten „kleinen Leute" getan, wie haben sie gelebt und gearbeitet? Gerade diese Dinge sind wichtig, Alltag und Beruf in früheren Zeiten prägten den Gang der Geschichte bis zur Gegenwart.

Die Geschichte Berlins und Brandenburgs ist in diesem Band natürlich nicht erschöpfend behandelt, das Buch will einige wichtige Etappen und die Orte des Geschehens vorstellen und Appetit auf mehr machen: Im Staub der Jahrhunderte zu stöbern ist beileibe keine trockene Angelegenheit.

Viel Spaß beim Lesen!

Daten zur Geschichte

600 bis 225 Mio. Jahre v. Chr.: Erdaltertum

225 bis 65 Mio. Jahre v. Chr.: Erdmittelalter; häufige Meeresüberflutungen im Wechsel mit Festlandszeiten

65 bis 1,5 Mio. Jahre v. Chr.: Erdneuzeit; gegen Ende der Periode setzt allmählich die Festlandszeit ein

2 Mio. bis 10.000 Jahre v. Chr.: Wechsel von Warm- und Kaltzeiten; Elster-, Saale- und Weichseleiszeit

Wie der Markgrafenstein nach Berlin kam

Der Große Markgrafenstein ragte ursprünglich etwa acht Meter aus der Erde und hatte einen Umfang von 29,5 Metern. Auf Befehl von König Friedrich Wilhelm III. spalteten im Jahr 1827 Steinmetze den 15.000 Zentner schweren Brocken in monatelanger Arbeit in drei Teile. Für den Transport der mittleren Scheibe nach Berlin mußte ein eigenes Schiff angefertigt werden. Aus dem Findling wurde dann die Granitschale im Berliner Lustgarten gemacht, die mit sieben Metern Durchmesser größer als die Porphyrschale im Vatikan ist. Allerdings kostete das von Schinkel entworfene Werk mit rund 38.000 Talern auch dreimal soviel wie ursprünglich geplant. Die zwei kleineren Restblöcke des Findlings blieben übrigens in den Rauenschen Bergen und stehen als steinerner Tisch und Bänke etwa 300 Meter entfernt vom Kleinen Markgrafenstein, der immerhin noch 3,70 Meter aus dem Boden ragt.

Zum Baden sehr beliebt: Der Werbellinsee zwischen Joachimsthal und Werbellin

Vor- und Frühgeschichte Brandenburgs

Mächtige Gletscher haben die märkische Landschaft geprägt. Im Laufe von über 200.000 Jahren bildeten sich Höhenzüge, Urstromtäler und Seen. Mit dem Ende der Eiszeit kamen dann erste Jäger und Fischer in unsere Gegend. So wurde am Tegeler Fließ in Reinickendorf ein Rentierjägerplatz mit Feuersteingeräten aus der Zeit 10.000 bis 9.000 v. Chr. gefunden. Die ersten Brandenburger hielten sich vor allem entlang der Flüsse auf und lebten als Nomaden, bis sich von Kleinasien her Ackerbau und Viehzucht nach Mitteleuropa ausbreitete. Eine neue Epoche begann. Die Brandenburger wurden seßhaft, vor allem bei Jüterbog und in der Uckermark entstanden Felder und Siedlungen. Ein erneuter Umbruch vollzog sich mit dem Übergang von der Steinzeit in die Bronzezeit. Die Märker stellten nun bessere Geräte aus Bronze her, dehnten die Handelsbeziehungen aus und erweiterten ihre Siedlungen. Herrschaftszentren bildeten sich heraus, wie das Königsgrab von Seddin nahelegt. Zu welchem Volk die Bewohner zählten, ist auch während der Eisenzeit noch unbekannt. Erst seit der Zeitenwende wissen wir, daß in Brandenburg Germanen vom Stamm der Semnonen lebten. Sie verließen während der Völkerwanderung das Land, und Slawen besiedelten die Mark.

Die Mark taut auf: Höhen, Täler und tausende Seen

Der Scharmützelsee liegt glitzernd in der Sonne, die Schlaube windet sich durch urzeitliche Schluchten, moorige Wiesen prägen das Havelland. Einer der ersten Eindrücke von Brandenburg ist seine Landschaft. Zahllose Überschwemmungen und mächtige Gletscher haben das Gesicht der Mark geformt. Lange bevor die Menschen ihre ersten Dörfer und Städte gründeten, sorgte die Natur für Täler und Hügel, Seen, Sand und Bodenschätze.

So entstanden die Kalkvorkommen bei Rüdersdorf und die Gipsschichten bei Senftenberg bereits vor Jahrmillionen, im Erdaltertum und Erdmittelalter. Bei häufigen Meeresüberflutungen lagerten sich die im Wasser gelösten Kalke und Gipse am Boden ab und hinterließen mächtige Schichten. Auch die bis zu 22 Meter starken Lausitzer Braunkohlenflöze bildeten sich im Laufe von Jahrmillionen, nachdem Mammutbäume in den riesigen Sumpfwäldern Südbrandenburgs versunken waren und luftdicht konserviert wurden. Die eigentliche Prägung erfuhr die Brandenburger Landschaft aber während der Eiszeiten. Die durchschnittlichen Temperaturen lagen um etwa 8–10 Grad niedriger als heute.

Dreimal schoben sich mächtige, bis zu 3.000 Meter starke Gletscher aus Skandinavien über die Mark, dazwischen lagen wärmere Phasen. Vor allem die Weichseleiszeit hinterließ deutliche Spuren. Die Gletscher führten Gesteinschutt, Mergel und Lehm mit sich und hinterließen eine Decke von 100 bis 150 Meter starken Ablagerungen. Später wehte der Wind aus

Die im Durchmesser sieben Meter große Granitschale steht vor dem Alten Museum in Berlin

dem Geschiebelehm Sand aus, der bis heute weite Teile Brandenburgs bedeckt und dem Land den Spottnamen „Streusandbüchse des Heiligen Römischen Reiches" einbrachte.

Aber zurück zur Eiszeit: Wo die Gletscher zum Stillstand kamen, bildeten sich Endmoränenzüge, davor aus feinerem Kies und Sand bestehende Sander. So entstanden als südlicher Landrücken der Lausitzer Grenzwall und der Fläming sowie im Norden das Uckermärkische und Ruppiner Höhenland. Als höchster Berg ragt bis heute der 201 Meter hohe Hagelberg bei Belzig in den Fläminghimmel. Zwischen den Höhenzügen als natürlicher Begrenzung der Mark bildeten die eiszeitlichen Schmelzwasser drei Urströme und spülten das Eberswalder, Berliner und Baruther Urstromtal aus. Die Ströme umflossen höher gelegene Platten und Sander, schufen etwa im Havelland und Rheinloch eine weite Tiefebene. Niederungen prägen dort über viele Quadratkilometer das Gesicht der Landschaft. Die meist sumpfigen Wiesen stehen in reizvollem Gegensatz zu den sandigen Böden der Hochebenen mit tiefen Wäldern wie in der Uckermark.

Das Eis der Gletscher schmolz aber nicht gleichmäßig ab: So blieben zahlreiche Eisbrocken in Bodensenken liegen, tauten erst später auf. In den Senken sammelten sich Grundwasser und Niederschläge, bildeten zahlreiche Seen. Rund 3.000 gibt es heute in Brandenburg, der größte ist mit 13,8 Quadratkilometern der Scharmützelsee bei Bad Saarow.

Eines der sichtbarsten Relikte vergangener Zeiten sind auch die Markgrafensteine in den Rauenschen Bergen südlich von Fürstenwalde. Über die Herkunft der wohl größten Findlinge der norddeutschen Tiefebene wurde lange gerätselt. Erst 1875 wies der schwedische Geologe Torell nach, daß Schleif- und Kratzspuren an den Steinen vom Eis der Eiszeit verursacht wurden. Lange Zeit dachte man, die Findlinge seien Ergebnis von Vulkanausbrüchen.

Touristische Tips

Das Berliner **Museum für Naturkunde** (Tel.: 030-28972540), Invalidenstraße 43, gibt einen guten Überblick über die erdgeschichtliche Entwicklung, ebenso das Cottbuser Museum der Natur und Umwelt (Tel.: 0355-797935) am Amtsteich 17/18 mit einer Sammlung von Fossilien, Mineralien und Gesteinen.

Die **Märkische Eiszeitstraße** führt durch die in der Vorzeit geprägte Landschaft des Barnims und der Uckermark. An verschiedenen Ausgangspunkten werden Führungen angeboten. Informationen unter Tel.: 03334-239813 oder bei der Fremdenverkehrsinformation Eberswalde im Pavillon am Markt unter 03334-23168.

Informationen zu Wanderungen oder Radtouren in naturbelassene Landschaften wie den **Naturpark Schlaubetal** bietet die Schlaubetal-Information Müllrose, Kietz 5, unter Tel. 033606-667, über die Märkische Schweiz das Fremdenverkehrsamt Buckow in der Wriezener Straße 1a unter Tel. 033433-57500, über die Elbtalauen die Naturparkverwaltung in Rühstädt, Neuhaus Straße 9, unter Tel. 038791-7277.

3,70 Meter hoch ragt der „Kleine Marggrafenstein" aus der Erde der Rauenschen Berge

Daten zur Geschichte

etwa 70.000 Jahre v. Chr.: Alte Faustkeilfunde aus dem Nieplitztal und einer Kiesgrube bei Eisenhüttenstadt zählen zu den ältesten Nachweisen menschlicher Anwesenheit in Brandenburg

13.000 v. Chr.: Ende der Eiszeit

10.000 v. Chr.: Jäger und Sammler leben an Elbe und Havel, Rentierjäger am Tegeler Fließ. Dort wurden Feuersteingeräte und Wohnplätze in Form von Zelten freigelegt

8.000 – 4.500 v. Chr.: Mittelsteinzeit; erste kontinuierliche Besiedlung durch Jäger und Fischer. Die jährlichen Durchschnittstemperaturen stiegen um 6–8 Grad

4.500 – 2.000 v. Chr.: Jungsteinzeit; die Brandenburger entwickeln sich zu seßhaften Ackerbauern und Viehzüchtern. Nach den hergestellten Gefäßen werden von der Bandkeramik bis zum Glockenbecher verschiedene Kulturen unterschieden

Die Friesacker Funde

Aus der Zeit der Jäger und Sammler sind bei Friesack nordöstlich von Rathenow über 100.000 Feuersteingegenstände, rund 800 Knochen und Geweihgeräte sowie die bisher ältesten Netze, Schnüre und Seile der Welt gefunden worden. Sie sind knapp 10.000 Jahre alt und haben sich im Moor gut erhalten. Die Gegend bei Friesack war damals ein häufig aufgesuchter, vorübergehender Wohnplatz für die ersten märkischen Jäger und Sammler. Sie fischten bereits mit Booten und aus Baumbast gefertigten Netzen, jagten mit knöchernen Speerspitzen, deren Schaft mit Pech befestigt war.

Mellen: Die ersten Bauern ruhen im Großsteingrab

Als rechteckiger Steinkranz ragen 19 Findlinge aus der Erde bei Mellen. In ihrer Mitte erhebt sich eine etwa 1,80 Meter hohe Grabstätte. Der Megalithbau am Ortseingang strahlt im Kontrast zu den roten Backsteinhäusern des Dorfes eine fast magische Kraft aus. Etwa 5.000 Jahre ist das Prignitzer „Hünenbett" alt und damit eines der sichtbarsten Zeugnisse der märkischen Jungsteinzeit. Während dieser neuen Epoche wurden die Brandenburger erstmals als Ackerbauern und Viehzüchter seßhaft.

In der Gegend um Mellen hielten sich freilich schon in der Mittleren Steinzeit Jäger auf. Die Gegend um den Rambower und Rudower See diente ihnen als Rastplatz. So fanden Archäologen bei Breetz eine Geweihhacke und bei Boberow eine Pfeilspitze aus der Zeit um 8000 v. Chr. Brandenburg war nach dem Abschmelzen der Gletscher von einer tundrenartigen Vegetation aus Flechten, Moosen und Zwergbirken bedeckt. Rentiere und Moschusochsen kamen in die Region und mit den Tieren die ersten nacheiszeitlichen Jäger. Im Zuge der weiteren Erwärmung breiteten sich dichte Wälder aus; Rehe und Wildschweine, Vögel und Fische wurden heimisch. Die mit Fellen bekleideten Menschen gingen mit Pfeil und Bogen oder Speeren auf die Jagd, fischten mit Netzen und sammelten Beeren in den Wäldern. Es kam nun zu einer dauerhaften Besiedlung sowie dem langsamen, aber epochalen Wandel der Bewohner zu Ackerbauern und Viehzüchtern.
Auch in der Mellener Gegend westlich von Perleberg folgten die Brandenburger immer seltener den Tieren, sondern wurden seßhaft. Sie rodeten Wälder mit ihren Steinäxten und legten Felder an, säten Getreide und Hirse. Das Korn mahlten sie mit steinernen Quetschen. Häuser wurden

Gigantische Findlinge aus der Jungsteinzeit – das Großsteingrab bei Mellen

aus Holz gebaut, in denen auch das Vieh unterkam. Wie verwachsene Ränder an Öffnungen bei Schädelfunden belegen, wurden Kopfverletzungen bereits operativ versorgt.

Für den Bau des Mellener Großsteingrabes waren große technische Fertigkeiten notwendig. An die 200 Zentner schwere Findlinge mußten dafür per Rolle und Hebel transportiert und aufgerichtet werden. Möglicherweise gab es auch schon Rad und Wagen. Der äußere Steinkranz des Megalithgrabes ist immerhin 22 Meter lang und etwa 9 Meter breit. In der Mitte liegt eine acht Meter lange Grabkammer, auf deren vier Wandsteinen ein gewaltiger Deckstein ruht. Die Bestattung der Toten erfolgte liegend oder in Hocke, das Grab wurde mit Steinen und Lehm versiegelt. Es mußte zur damaligen Zeit bereits den Glauben an ein Leben nach dem Tode gegeben haben, weshalb die Leichen in der Regel nicht verbrannt, sondern ihnen würdige Totenwohnungen gebaut wurden. Die Grabstätte ist wohl im 19. Jahrhundert geplündert worden.

Jedenfalls müssen sich die Siedlungen dieser frühen Mellener Ackerbauern in der Nähe des Grabes, bei Lenzen und in der Rambower Senke befunden haben. Dort wurden steinerne Äxte und Hacken sowie Reste verzierter Gefäße gefunden. Der Megalithbau fällt in die nach den damals typischen Keramiken benannte Trichterbecherkultur. Aus dieser Zeit ist bereits der Hakenpflug bekannt, wenngleich es dafür in Brandenburg noch keine Belege gibt. Die Größe des Mellener Grabes deutet aber darauf hin, daß die Stätte für sozial höher gestellte Sippenmitglieder entstanden ist. Der Megalithbau könnte auch als Opferstätte, religiöser Versammlungs- und Beratungsplatz gedient haben. Einige Forscher sind inzwischen auch überzeugt, daß die Anordnung der Findlinge für die Ackerbauern eine Art erster Kalender war, indem sie Sonnenaufgänge und -untergänge zur Sonnenwende und Tag- sowie Nachtgleiche anzeigten.

Information

Lenzen-Information, Jahnstraße 8,
Tel.: 038792-7302

Touristische Tips

In der **Lenzener Burg** zeigt das Heimatmuseum (Tel.: 038792-7291) **Funde aus der Steinzeit**. Sehenswert ist auch ein erhaltener DDR-Konsumladen sowie ein Diorama mit 8.500 Zinnfiguren, das an die Schlacht bei Lenzen gegen die Slawen im Jahr 929 erinnert. Vom Turm der Burg bietet sich ein schöner Blick über die Prignitz und Lenzen, das mit seinen Pflasterstraßen und Fachwerkhäusern zu einem Spaziergang einlädt.

Das **Berliner Museum für Vor- und Frühgeschichte** (Tel.: 030-32091233) im Schloß Charlottenburg gibt einen hervorragenden Überblick über die Kulturgeschichte der Menschheit von der Altsteinzeit bis zum hohen Mittelalter.

Mehrere **Großsteingräber** gibt es auch in der Uckermark östlich von Prenzlau bei **Schwaneberg**, nordöstlich von Prenzlau bei Hammelstall sowie nördlich von Angermünde bei **Mürow**. Nördlich von Joachimsthal, 300 Meter hinter dem Ort Ringenwalde in Richtung Friedrichswalde befindet sich ein Hügelgräberfeld mit 47 Gräbern. Die Anlage ist etwa 3.000 bis 4.000 Jahre alt und wurde im Zeitraum zwischen ausgehender Steinzeit und beginnender Bronzezeit angelegt.

Wegbeschreibung

Mellen liegt rund 20 Kilometer westlich von Perleberg. Man erreicht den Ort am besten über die Bundesstraße 5

Daten zur Geschichte

2 000 – 700 v. Chr.: Bronzezeit; die Metallverarbeitung setzt sich durch

ab etwa 1 800 v. Chr.: Mitglieder der nach den Gräberfeldern von Unetice bei Prag benannten Aunjetitzer Kultur wandern nach Brandenburg ein. Sie hatten im böhmisch-mitteldeutschen Raum mit dem Erzbergbau begonnen und bringen ihre Fertigkeiten in der Herstellung von Bronzegegenständen mit

um 1 500 bis 700 v. Chr.: Die Lausitzer Kultur erstreckt sich über weite Teile Brandenburgs. Sie wurde vom Berliner Mediziner Rudolf Virchow entdeckt und nach in der Lausitz gefundener spezifisch verzierter Keramik benannt

ab 1 000 v. Chr.: Durch Tauschhandel kommen einzelne Eisengegenstände aus dem südlichen Mitteleuropa in die Mark

700 – 50 v. Chr.: Eisenzeit; Eisen wird als Werkstoff eingeführt und aus heimischen Erzen hergestellt. Wegen einer Klimaverschlechterung geht die Besiedlung zurück

50 v. Chr. – 600 n. Chr.: Germanische Zeit; schriftliche Überlieferung römischer Autoren nennen den germanischen Stamm der Semnonen als Bewohner Brandenburgs östlich der mittleren Elbe wahrscheinlich bis zur Oder, östlich davon siedeln wohl die Burgunden

Die Gemeinde Seddin liegt zwischen Perleberg und Pritzwalk. Die beste Verbindung dorthin führt über die Bundesstraße 189. Von Kreuzburg geht´s weiter über die Landstraße

Waffen, Kamm und Ringe – der Seddiner Bronzeschatz

Für den mächtigen König Hinz war kein Aufwand zu groß: 30.000 Kubikmeter Steine und Erde hatten die Untertanen für sein Hügelgrab bei Seddin aufzuschichten. Ein gewaltiges Projekt – mit der Arbeit müssen 150 Leute ein Jahr lang beschäftigt gewesen sein. Zwölf Meter ragte Hinz' letzte Ruhestätte schließlich in den Himmel. Von seinem Königreich ist nichts überliefert als die Sage vom goldenen Sarg des Herrschers, dessen Grabkammer Ende des 19. Jahrhunderts entdeckt wurde. Das gut erhaltene Hügelgrab wenige Kilometer nordöstlich von Perleberg, eines der größten in Europa, ist etwa 3.000 Jahre alt.

Zu dieser Zeit hatte sich in Brandenburg der Umbruch zur Bronzezeit vollzogen. Ab etwa 2 000 v. Chr. setzte sich die Metallverarbeitung durch. Sie wurde von Gruppen aus Böhmen und dem mitteldeutschen Raum in der Mark eingeführt. Bronze ersetzte nun das weichere Kupfer und wurde bei etwa 1.000 Grad aus Kupfer und Zinn geschmolzen. Da Brandenburg über keine eigenen Kupfer oder Zinnvorkommen verfügte, mußten die Rohstoffe aus Süd- und Südosteuropa importiert werden. Der Handel mit Metallen gewann große Bedeutung, der innereuropäische Verkehr nahm zu. So wurden Schwerter aus dem Donaugebiet und Nordeuropa, Tassen aus Süddeutschland und Goldarmbänder aus Böhmen eingeführt. Die Entwicklung von Schwertern als Stichwaffen sowie zahlreiche Beilfunde deuten auf bewaffnete Nahkämpfe zu der Zeit hin.

Im Unterschied zur Steinzeit war nun die Landwirtschaft nicht mehr die einzige Wirtschaftsgrundlage. Der Besitz von Rohstoffen wurde wichtig und die Fähigkeit, Metalle zu verarbeiten. Handwerkliche Fertigkeiten entwickelten sich, auf den Feldern stieg mit den besseren Gerätschaften der Ertrag aus dem Ackerbau, damit auch der Reichtum. Die Siedlungen wurden erweitert, Burgwälle gebaut und für die wachsende Bevölkerung Speichergebäude errichtet. So wurden in einem Vorratsraum der Prignitzer Siedlung von Lenzersilge Reste von Erbsen, Bohnen, Eicheln, Haselnüsse, Honig sowie verkohltes Brot gefunden.

Wer freilich König Hinz aus der Prignitz war, ist nicht bekannt. Jedenfalls mußte die Region zur damaligen Zeit ein bedeutendes wirtschaftliches, politisches und kulturelles Zentrum gewesen sein. Zahlreiche Funde aus der Gegend bei Seddin bezeugen eine starke Besiedlung während der Bronzezeit. Die Hochflächenränder entlang des Flusses Stepenitz boten günstige Siedlungsmöglichkeiten. So gibt es bei Perleberg oder Viesecke Reste von Dörfern aus der jüngeren Bronzezeit sowie Grabanlagen bei Hellburg und Retzin. In der Nähe des Königsgrabs lag bei Wolfshagen eine Begräbnisstätte für Frauen und Kinder. Als Bodendenkmal ist eine Burgwallanlage erhalten. Ob es die Burg des Königs war? Nachgewiesen ist es nicht. Wohl aber der Reichtum des Herrschers, den Bauarbeiter in seiner Grabkammer entdeckten.

Die Kammer im Herzen des Hügels ist 1,60 Meter hoch und hat zwei Meter Durchmesser. Gold gab es in dem neuneckigen Gewölbe aus Findlingen zwar nicht, doch in der Mitte stand ein Tongefäß mit einer prachtvoll verzierten Bronzeurne, darin die Reste eines 30 bis 40jährigen Mannes. In der Erde daneben steckte ein verziertes Bronzeschwert. In sechs weiteren Tongefäßen befanden sich unter anderem die Überreste von zwei jungen Frauen. Sie mußten König Hinz damals wohl eher unfreiwillig in den Tod folgen, um ihm auch im Jenseits zu dienen. Als Grabbeigaben befanden sich im Gewölbe ein bronzenes Rasiermesser, eine Lanzette, eine verzierte Bartzange, ein Schmuckkamm, mehrere Ringe sowie als wertvollste Stücke zwei Eisennadeln, die damals mit Gold gleichzusetzen waren.

Der Eingang zum Seddiner Königsgrab. Der sagenumwobene Ort wurde durch Zufall entdeckt

Königssage und Jagd nach dem Gold

3.000 Jahre lang erzählten sich die Bewohner der Seddiner Gegend folgende Sage: „Vor langer Zeit herrschte der mächtige Riesenkönig Hinz über die Prignitz. Nach seinem Tod wurde er in einem dreifachen Sarg aus Gold, Silber und Kupfer im Hinzer Berg bestattet. Sein goldener Fingerring und ein riesiger Geldschrank liegen in zwei benachbarten Hügeln vergraben.“ Obgleich die drei Hügel in der Nähe des kleinen Ortes für jedermann sichtbar waren, machten sich Schatzsucher erst Ende des 19. Jahrhunderts auf, das Gold zu bergen. So ließ der Seddiner Bauer Garlin einen Teil des Hügels mit einem Durchmesser von 126 Metern abtragen. Die Suche brachte dem Landwirt aber kein Glück, er ging über den Grabungen pleite. Erst die beiden Steinbrucharbeiter Schröder und Jaap stießen dann am 15. September 1899 auf die sagenumwobene Grabkammer – per Zufall beim Abbau der Steine des Hügels für den Straßen- und Häuserbau.

Information

Informationsbüro der Stadt Perleberg, Großer Markt 1, Tel.: 03876-2259

Touristische Tips

Im **Heimatmuseum Perleberg** (Tel.: 03876-2964), Mönchort 7, wird die Vor- und Frühgeschichte der Region ab dem achten Jahrtausend v. Chr. bis zum Hochmittelalter sehr anschaulich dargestellt. Auch die nachgebildeten Seddiner Grabbeigaben sind zu sehen, die Originale befinden sich im **Berliner Museum für Vor- und Frühgeschichte.** Vom Perleberger Museum aus bietet sich ein Spaziergang in die 750jährige Altstadt rund um den Marktplatz an.
In Nähe des Seddiner Königsgrabes befindet sich die Gemeinde **Wolfshagen** mit zahlreichen Bodendenkmalen. Führungen bietet Frau Reeck (Tel.: 038789-278) an.

Daten zur Geschichte

200 bis 600: Völkerwanderung; germanische Stämme verlassen ab Mitte des dritten Jahrhunderts Brandenburg, der Einfall der Hunnen löst 375 die Völkerwanderung aus

600–750: Slawen wandern in Brandenburg ein. Hunnen und Awaren waren vorher in ihre angestammten Gebiete vorgedrungen

928/29: König Heinrich I. erobert die Heveller-Festung „Brennaburg" und besiegt in der Schlacht bei Lenzen ein großes Slawenheer

932: Eroberung der Lausitzer Grenzburg Liubusua

936/37: König Otto I. hat alle Stämme zwischen mittlerer Elbe und Oder unterworfen. Zur Sicherung der Grenzmarken teilt er das Land in Burgbezirke ein, setzt dort Grafen ein

937: Gründung des Magdeburger Moritzklosters, ab 968 Erzbistum

948: Bildung der Bistümer Brandenburg und Havelberg

963: Markgraf Gero dehnt seinen Herrschaftsbereich über die gesamte Lausitz aus

29. Juni 983: Großer Slawenaufstand; Brandenburg und Havelberg werden zerstört. Bis zur Mitte des 12. Jahrhunderts bleiben die ostelbischen Gebiete unter slawischer Herrschaft

Idylle im Spreewald

Neue Heimat Spreewald – die Slawen kommen an

Lautlos staken die Spreewaldbauern ihre Kähne über die Fließe, vorbei an Stieleichen und Moorbirken, an saftigen Wiesen und rohrgedeckten Häusern. Dazwischen zweigen immer wieder kleine Kanäle ab, ein wahres Labyrinth an Spreefließen. Schon der Dichter Fontane sprach vom Spreewald als einem „Venedig der Wenden". Wenden bedeutet übersetzt Fremde und ist ein Sammelbegriff für verschiedene slawische Stämme, die vor rund 1.400 Jahren nach Brandenburg einwanderten. Im Spreewald leben

Direkt an den Fließen liegen die Häuser

Ein Spreewaldfischer repariert sein Netz

ihre sorbischen Nachfahren bis heute. So stehen unter den Ortsschildern der Lausitz slawische Namen, Lubnjow für Lübbenau, Chosebuz für Cottbus. Auch der Name für die Region Lausitz stammt vom sorbischen Wort Lucyca – Sumpfland – und kommt aus der Zeit der Völkerwanderung.

Mit zahllosen Stämmen und Sippen wanderten die Slawen damals aus dem Gebiet zwischen Weichsel und Dnjepr nach Brandenburg ein. Sie besiedelten das von den Germanen verlassene Land, folgten den Flüssen und Niederungen, den Bächen und Seen. An den natürlichen Lichtungen der Ufer machten sie Halt, bauten einfache Hütten aus Flechtwerk mit Schilfdächern. Bauern rodeten den Wald mit Bränden, legten Felder an und ernteten schon bald Roggen, Weizen und Hirse. In den Flußauen weideten Rinder und Schweine, Fischer legten ihre Boote am Ufer an und aus den Dörfern drang der Lärm von Schmieden oder Drechslereien.

So besiedelten die Heveller das Seengebiet der Havel und bauten in der heutigen Stadt Brandenburg ihre bedeutendste Burganlage. Die Spreewanen in der Region von Teltow bis zum Barnim hatten ihren Hauptort in Köpenick. In der Lausitz und dem Spreewald ließen sich Slawen vom Stamm der Lusizer nieder. Sie errichteten im südlichen Spreewald Burgen aus Holz- und Erdwällen um Innenhöfe mit Brunnen und Häusern. Jeder Anlage waren Siedlungen zugeordnet, deren Bewohner Naturalien zur Versorgung abgeben mußten. Der Holzwall in Raddusch war acht Meter hoch und ist inzwischen rekonstruiert worden. Er sollte damals vor anderen Stämmen und äußeren Feinden schützen. Mehrere Dutzend dieser Wehranlagen gab es von Cottbus und Senftenberg bis nach Königs Wusterhausen.

In den großen Burgen wie in Brandenburg residierten Fürsten. Einen eigenen Staat mit zentraler Herrschaft bildeten die Slawen aber nie aus und so gerieten sie bald unter den Druck der deutschen und polnischen Feudalstaaten. Sie konnten ihre eroberten Gaue zwar im großen Slawenaufstand wieder befreien, wurden aber im 12. Jahrhundert durch blutige Kreuzzüge unterworfen. Die deutschen Eroberer zerstörten Kultstätten und Opferplätze, an denen die Slawen verschiedene Gottheiten wie etwa den dreiköpfigen Triglaw verehrt hatten.

Nur in der Region um Cottbus (Niederlausitz) und der sächsischen Gegend um Bautzen (Oberlausitz) konnten die Slawen in den folgenden Jahrhunderten ihre Sprache und Kultur erhalten. Die Zahl der Sorben in der Lausitz wird heute auf etwa 60.000 geschätzt, davon leben rund 20.000 in Südbrandenburg. In ihren Bräuchen mit vielfach heidnischem Ursprung erhielt sich das Erbe der märkischen Urbewohner. So werden jedes Jahr zur Winterauskehr in über 100 Dörfern große Osterfeuer entzündet. Der Brauch, Holz und Unrat zu verbrennen, hat vorchristliche Wurzeln und besagt: So weit man das Feuer sieht, werden die Felder fruchtbar. Auch die Schlangenköpfe von Gospodar und Gosposa grüßen als geschnitzte Figuren immer noch von vielen Giebeln. Laut Überlieferung wohnen sie als gute Geister in den Häusern und halten das Unglück fern.

In typischer Tracht boten wendische Frauen Obst und Gemüse auf dem Markt von Cottbus an

Information

Fremdenverkehrsverein Spreewald in Lübbenau, Ehm-Welk-Straße 15, Tel.: 03542-3668. Fremdenverkehrsverband Spreewald in Raddusch, Lindenstraße, Tel.: 035433-77433

Naturdenkmal Spreewald

Die 48.460 Hektar große Flußlandschaft wurde 1991 in die Liste der UNESCO-Biosphärenreservate aufgenommen. Im Spreewald mit 970 Kilometern Fließgewässer gibt es 18.000 Pflanzen- und Tierarten, darunter Seeadler und Fischotter, Schwarzstorch und Wiedehopf. Lübben, Lübbenau oder Burg eignen sich gut als Ausgangspunkte für Wanderungen, Radtouren oder Kahnfahrten durch den Spreewald.

Touristische Tips

Das **Spreewaldmuseum im Lübbenauer Schloß** (Tel.: 03542-2472) informiert über die Entwicklung der Fließlandschaft. Im wenige Kilometer entfernten Lagunendorf Lehde gibt es ein Freilandmuseum (Tel.: 03542-2472) mit drei alten sorbischen Hofanlagen samt Ställen, Kahnschuppen und Scheune. Die Häuser sind vollständig eingerichet und informieren über die Arbeits- und Lebensbedingungen im Spreewald.

Das **Wendische Museum** in der Cottbuser Mühlenstraße 12 (Tel.: 0355-794930) vermittelt mit Trachten und Volkskunst, Bräuchen und Fotos einen guten Einblick in die 1500 Jahre alte slawische Geschichte vorallem in der Niederlausitz. Im **Wendischen Haus** (Tel.: 0355-791110), August-Bebel-Straße 82, befindet sich das sorbische Kultur- und Informationszentrum der Niederlausitz, ein Anlaufpunkt für alle Fragen zur sorbischen Geschichte und Kultur. Wendische Trachten, Brauchtum und Arbeitsgeräte aus der Region zeigt auch das **Heimatmuseum Dissen** (Tel.: 035606-365), Dorfstraße 128.

Das **Agrarhistorische Museum** im Spreewalddorf **Schlepzig** (Tel.: 035472-225) befindet sich im 1818 errichteten Dorfschulzengehöft in der Dorfstraße. Alle Wohnräume sind original erhalten und eingerichtet. Es gibt eine kleine Ausstellung zur Entwicklung der Landwirtschaft und Geschichte des Spreewalds. In **Straupitz** kann die nach Plänen von Schinkel 1827 bis 32 erbaute **Dorfkirche** besichtigt werden.

Daten zur Geschichte

928/29: König Heinrich I. unternimmt einen Feldzug gegen slawischen Heveller. Sein Heer erstürmt die slawische Brennaburg und besiegt die Slawen in der Schlacht bei Lenzen

948: Bistum Brandenburg wird errichtet. Auf der Havelinsel entsteht neben der Slawenburg ein vermutlich hölzerner Dom

983: Slawenaufstand; der Dom wird geplündert und zerstört; der Bischof muß fliehen

1147: Slawenfürst Pribislaw bekennt sich zum christlichen Glauben und siedelt in der Altstadt Prämonstratenser an. Papst und Zisterzienser rufen zum Wendenkreuzzug auf

1150: Slawenfürst Pribislaw stirbt. Sein Verwandter, vermutlich Spreewanenfürst Jaczo von Köpenick, besetzt die Brandenburg und weitere Landesteile

1157: Die Festung Brandenburg wird belagert und gestürmt

ab 1160: Adlige, Bürger und Bauern aus dem Schwabengau, den Niederlanden, dem Rheinland und Westfalen besiedeln das Gebiet im Bereich Elbe, Havel und Spree

1165: Grundsteinlegung des Doms

1170: Albrecht der Bär stirbt; Nachfolger wird Sohn Otto I.

Der Name Brandenburg

Die ältesten überlieferten Namensformen der Burg lauten Brennaburg, Brendanburg oder Brandanburg. Die Bedeutung und slawische oder deutsche Herkunft des ersten Namenteils ist ungeklärt. Einige Forscher führen Brendan auf den Namen des Heiligen Brendan zurück. Angeführt wurde auch die Erklärung, der Name stamme von der Brandrodung ab, die früher zum Bau der Burg notwendig war.

Mittelalter: Markgrafen, Ritter, Bauern und Mönche

Um die Jahrtausendwende setzt überall in Europa ein wirtschaftlicher Aufschwung ein, der die Ostgebiete wieder stärker in den Blick rückt. Es kommt zu den Wendenkreuzzügen und der deutschen Ostsiedlung. Als Truppen Albrecht des Bären 1157 die slawische Festung Brennaburg stürmen, schlägt die Geburtsstunde Brandenburgs. Der aus dem Nordharz stammende Askanier nennt sich fortan Markgraf von Brandenburg und behauptet die Mark, was soviel wie Grenzgebiet heißt, gegen weltliche und geistliche Kontrahenten. Die Askanier errichten in der Folgezeit ein Herrschaftsgebiet, das von der westelbischen Altmark bis zur östlich der Oder liegenden Neumark reicht. Sie sichern Grenzen und Handelswege militärisch durch Burganlagen. Städte und Dörfer werden planmäßig gegründet, das Land besiedelt. Dorfpfarrer und Mönche beginnen, die Slawen zu christianisieren. Zu einem geschichtlichen Einschnitt kommt es jedoch im 14. Jahrhundert mit dem Aussterben der Askanier. Der Kampf um ihr Erbe entbrennt, Teile des Landes gehen verloren, Adelsfehden und Raubritter machen Brandenburg unsicher. Nach den Wittelsbachern und Luxemburgern sorgen die Hohenzollern wieder für Ruhe und brechen die Macht der zwischenzeitlich erstarkten Städte. Gegen den erbitterten Widerstand Berlins setzen sie ihren ersten Schloßbau durch und verlegen das Zentrum des Landes von Brandenburg an der Havel nach Berlin/Cölln. Der Sieg über das Bürgertum ebnet den Weg zum weiteren Ausbau eines Staates mit Zentralbehörden und festem Beamtenstand.

Albrecht der Bär stürmt die slawische Brennaburg

Am Anfang stand die slawische Festung Brennaburg. Über vier Meter hohe Mauern aus Erde und Eichenholz umgaben den Fürstensitz der Heveller auf der heutigen Dominsel der Stadt Brandenburg. Während des 12. Jahrhunderts wohnten wahrscheinlich 1.000 bis 2.000 Menschen im Schutz der Festung. Mit Streitäxten, Lanzen und Schwertern hatten die Slawen ihren Sitz auf der Landenge zwischen drei Havelseen und Flußarmen über 200 Jahre lang verteidigt, wurden vertrieben und eroberten die Burg zurück. Erst den Truppen Albrecht des Bären und Erzbischof Wichmanns von Magdeburg mußten sie sich am 11. Juni 1157 endgültig geschlagen geben. Albrecht nannte sich nun Markgraf von Brandenburg und so hieß fortan auch das neu gewonnene Land zwischen Elbe und Oder.

Von der Festung Brandenburg aus begründete Albrecht der Bär die askanische Landesherrschaft über die Mark. Die eroberte Insel wurde zur Keimzelle des Landes, zur „Wiege der Mark". In der Burg bezogen Markgraf und Bischof ihren Sitz. Daneben begannen schon bald Handwerker mit dem Bau des Doms, dem künftigen Wahrzeichen Brandenburgs. Der romanische, später gotisch überwölbte Sakralbau besiegelte den Sieg des Christentums über die heidnischen Slawen. Die Mutterkirche der Mark wurde zum geistlichen Zentrum. Lange Zeit schlug auch das weltliche Herz des Landes in Brandenburg. So entstanden durch den Zuzug deutscher Kaufleute und Handwerker gegenüber der Dominsel die Altstadt und Neustadt Brandenburg. Schon 1170 erhielten die alte und 1196 die neue Siedlung eigene Stadtrechte. Bis Ende des 15. Jahrhunderts waren sie die Hauptorte der Mark, Mitglieder der Hanse, hatten Zollfreiheit, Handels- und Münzrecht. Zwischen Altstadt und Neustadt beherbergte ein Pfahlhaus in der Havel den Brandenburger Schöppenstuhl, das oberste Gericht in der Mark. Dort entschieden die Richter über alle Todesurteile

Der mächtige Dom in Brandenburg

Im Inneren des Doms steht der Lehniner Altar

und verhandelten 700 Hexenprozesse. Von Brandenburg aus vergaben die Markgrafen auch das Stadtrecht an viele weitere Orte, darunter Spandau und Berlin. Eine der Grundlagen für den wirtschaftlichen Aufschwung war die günstige Lage an einer Fernhandels- und Heerstraße von Westeuropa nach Osteuropa. Außerdem hatte schon die Burgsiedlung zu den bedeutendsten wirtschaftlichen und politischen Zentren der slawischen Stämme gehört. Bereits im 8. Jahrhundert gab es Beziehungen zu fernen Ländern wie Funde byzantinischer Goldmünzen in der Neustadt belegen. Die Burg war schon vor 1157 eine frühstädtische Siedlung mit blühendem Handel und Handwerk. Über den Wasserweg wurde Vieh, Getreide oder Honig transportiert, mit Arabern und Skandinaviern gehandelt. Der gestiegene Warenaustausch machte sogar die Prägung eigener Silbermünzen notwendig. Die Slawen wurden nach der Eroberung nicht vertrieben und so konnte auf alten Handelstraditionen aufgebaut werden.

Der frühere Rang und Reichtum der Stadt zeigt sich bis heute an den erhaltenen mittelalterlichen Gebäuden, wenn auch viele in beklagenswertem Zustand sind. Von der ehemals slawischen Besiedlung sind fast alle Anzeichen aus dem Stadtbild verschwunden. Das alte Triglaw-Heiligtum der Heveller auf dem Marienberg wurde bereits im 12. Jahrhundert zerstört. Die Burg gaben die Askanier im 13. Jahrhundert auf. Sie verfiel und wurde als Steinbruch für den Umbau der Petrikapelle genutzt. Nur noch Straßennamen wie Burgweg oder Hevellerstraße weisen auf die slawischen Ursprünge Brandenburgs hin.

Information

Brandenburg-Information, Hauptstraße 51, Tel.: 03381-524257

Touristische Tips

Am besten lassen sich die **Dominsel** sowie die erst 1715 vereinigte Neustadt und Altstadt bei einem Rundgang erkunden. Nach einer Besichtigung des Doms mit dem sehenswerten Lehniner Altar (1539) und der geschnitzten Marienkrönung des böhmischen Altars (um 1375) empfiehlt sich ein Abstecher in die **Neustadt** zum **Molkenmarkt**. An der spätgotischen **St. Katharinenkirche** (1401) und der **Ruine des Pauliklosters** aus dem 13. bis 14. Jahrhundert vorbei geht es zum mächtigen **Steintorturm** (15. Jahrhundert) und Teilen der mittelalterlichen **Stadtmauer**. Die Jahrtausendbrücke führt dann über die Havel in die Altstadt. Auch dort sind noch Teile der Stadtmauer mit zwei Tortürmen sowie das **gotische Rathaus** und die **St. Gotthardtkirche**, **St. Johanniskirche** und die **Nicolaikirche** erhalten. Über die **Stadtgeschichte** kann man sich im **Museum im Frey-Haus**, Ritterstraße 96, Tel.: 03381-522048 und dem **Museum im Steintorturm**, Steinstraße, Tel.: 03381-200265 informieren. Das **Dommuseum**, Burghof 11, Tel.: 03381-200325 zeigt den **Domschatz** und die Geschichte des Bistums.

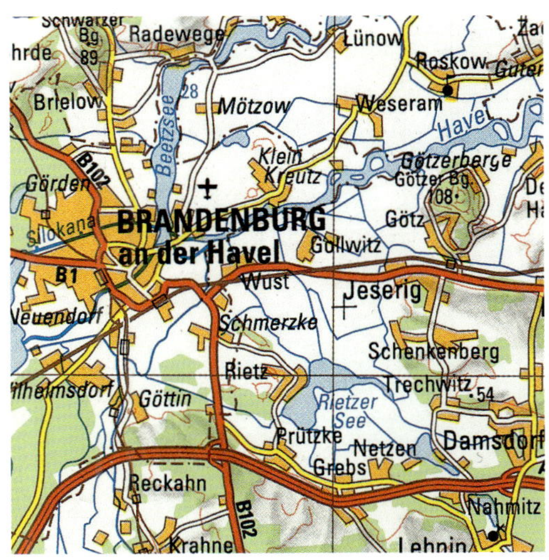

Die Havelstadt Brandenburg liegt etwa 50 Kilometer westlich von Potsdam, ist von dort am besten über die Bundesstraße 1 zu erreichen

Daten zur Geschichte

4. April 1180: Otto I. bittet das Zisterzienserkloster Sittichenbach bei Eisleben um Überlassung eines Konvents für eine Klostergründung in Lehnin

1180–1183: Markgraf Otto I. stiftet das Kloster Lehnin in der Zauche, einer Landschaft südlich von Potsdam und Brandenburg (Havel)

1230–1234: Für die Johannische Linie der Askanier entsteht ein Lehniner Tochterkloster in Paradies bei Meseritz

1273: Das Tochterkloster in Chorin wird gegründet

1299: Das Tochterkloster in Himmelpfort bei Lychen wird gegründet

1542: Auflösung von Kloster Lehnin.

1640: Der Große Kurfürst läßt das Klausurgebäude zum Jagdschloß umbauen

seit 1911: Die evangelische Kirche richtet ein Diakonissenmutterhaus im Kloster ein

Gründungssage von Lehnin

Markgraf Otto I. schlief nach hitziger Jagd unter einer Eiche ein und hatte folgenden Traum: Er wurde von einem Hirsch bedroht, den er vergeblich mit seinem Jagdspieß abzuwehren versuchte. Erst als der Markgraf die heilige Jungfrau Maria anrief, verschwand die Erscheinung und er erwachte. Seine Begleiter rieten ihm daraufhin, eine Burg gegen die Wenden an der Stelle zu errichten. Doch Otto entschied, ein Kloster zu gründen und den Feind durch das Gebet frommer Männer zu überwinden. So ließ er das Marienkloster zu Lehnin (abgeleitet vom slawischen Wort für Hirschkuh) bauen und einen Eichenstamm in die zweite Altarstufe der Kirche einbauen, der dort bis heute zu sehen ist.

Das Zisterzienserkloster Lehnin

„Ora et labora" – Kloster Lehnin wird reich und mächtig

Dichte Wälder und morastige Sümpfe bedeckten im 12. Jahrhundert weite Teile Brandenburgs. Die Mark war zwar militärisch erobert, jetzt mußte das Land aber durch harte kolonisatorische Arbeit auch gewonnen werden. Einen wichtigen Beitrag leisteten dabei die Zisterzienser. Der Orden war dafür bekannt, unbesiedelte Landstriche in mühsamer Arbeit zu kultivieren. Markgraf Otto I. rief daher die Mönche 1180 ins Land. Natürlich spielten dabei auch machtpolitische Gründe eine Rolle: Die Zisterzienser sollten in der Zauche das Herrschaftsgebiet gegen die Expansion des Grafen von Belzig sichern, die Christianisierung der slawischen Urbevölkerung vorantreiben sowie den Einfluß der Prämonstratenser im Domkapitel und Bistum zurückdrängen. So begann in Lehnin die Geschichte des bald mächtigsten Klosters in Brandenburg.

Am 5. April 1183 zogen die Zisterzienser in weißen Kutten mit schwarzen Kapuzen in Lehnin ein. Abt Sibold marschierte an der Spitze, gefolgt von zwölf Mönchen und zwölf Laienbrüdern in braunen Kutten, die für die Landarbeit zuständig waren. Lehnin lag damals auf einer Sandinsel inmitten von Sümpfen und Wäldern. Otto I. schenkte dem Kloster Grund und Boden, Gewässer sowie mehrere Dörfer. Nach ihrem Wahlspruch „ora et labora" begannen die Mönche gleich nach der Ankunft mit der Arbeit. Sie richteten eine Ziegelei ein und bauten ihre provisorische Kirche sowie die Unterkünfte mit Steinen aus.

Die Gegend rund um das Kloster war zu Beginn keineswegs sicher. In der Nachbarschaft befanden sich mehrere slawische Siedlungen und bereits 1190 wurde Abt Sibold nach einer Lokalsage von der slawischen Bevölkerung erschlagen; ein Gemälde in der Kirche hält die Szene fest. Nach einer weiteren Überlieferung ließ der Markgraf dafür 25 Wenden hinrichten und machte den Mördern den Prozeß.

Allmählich verbesserte sich die Situation. Die Zisterzienser rodeten Wälder, legten Sümpfe trocken und gewannen Ackerland. Dabei mußten die Bewohner der übereigneten Dörfer Dienst tun. In abgelegenen Gebieten ließen die Laienbrüder Ackerhöfe zur Bewirtschaftung bauen. Sie führten die Dreifelderwirtschaft ein und bald blühten die Landstriche auf. Auf dem Lehniner Klostergelände arbeiteten Schuster und Tischler, Bäcker und Brauer. Weinberge entstanden und auch die Obstanbaugebiete bei Werder gehen auf Zisterzienser zurück. Deren Klöster waren die Landwirtschafts- und Handwerksschulen des Mittelalters.

Über die Missionstätigkeit der Lehniner Mönche wird dagegen wenig berichtet. Die Hauptlast der Christianisierung leisteten wohl Pfarreien, die nach der Ostexpansion in fast jedem Dorf aufgebaut wurden. Durch märkische Ritter und christliche Siedler wurden die Slawen gezwungen, den Glauben der neuen Herren anzunehmen.

Die Zisterzienser kamen durch wachsende Erträge und zahlreiche Schenkungen schnell zu Reichtum, konnten auf Handarbeiten verzichten. Sie tätigten nun Darlehensgeschäfte. Zu den Gläubigern gehörten die Kurfürsten, der Bischof und Städte wie Leipzig oder Magdeburg. Der politische und kirchliche Einfluß stieg. Kurfürst Friedrich I. zog die Mönche als Schiedsrichter bei den Regierungsgeschäften heran. 1450 erhielten die Lehniner Äbte vom Papst das bischöfliche Ornat: Mitra, Ring, Pallium und Krummstab. Das Kloster stand auf dem Höhepunkt seiner Macht, als mit der Reformation alles Eigentum an ein kurfürstliches Domäneamt ging: 64 Dörfer und eine Stadt, 54 Seen und über 4.500 Hektar Äcker und Wälder, neun Wind- und sechs Wassermühlen.

Idyllisch am See liegt das Choriner Kloster. In der Ruine finden im Sommer regelmäßig klassische Konzerte statt

Touristische Tips

Lehnin liegt etwa 25 Kilometer südöstlich von Brandenburg (Havel). Nach vorheriger Anmeldung unter Tel.: 03382-7680 sind Führungen des Luise-Henrietten-Stifts über das Gelände von **Kloster Lehnin** möglich. Die im Westteil romanisch begonnene und bis 1270 gotische **Kirche St. Marien** zählt zu den ältesten und bedeutendsten Sakralbauten Brandenburgs. Reste der Klostermauer mit einem Wehrturm, Kornspeicher, gotischer Kapelle, Hospital, Gästehaus und Teile des Klausurgebäudes mit dem Kreuzgang sind noch erhalten.

Vergleichbar mit Lehnin ist das vom Magdeburger Erzbischof Wichmann 1170 gegründete **Zisterzienser-Kloster Zinna** bei **Jüterbog**. Die Region gehörte damals zum Territorium des Erzstifts und mit dem Kloster sollte ein Stützpunkt zum Ausbau der Magdeburger Herrschaft errichtet werden. Im Abteigebäude ist heute das Heimatmuseum (Tel.: 03372-2610) mit einer Ausstellung zur Geschichte des Klosters untergebracht.

Besonders sehenswert ist das **Lehniner Tochterkloster** in Chorin, etwa zehn Kilometer nördlich von Eberswalde. Die Ruine der Klosterkirche St. Marien stellt den Inbegriff gotischer Backsteinarchitektur in Brandenburg dar. Auf Initiative von Schinkel begann man 1818, die erhaltene Bausubstanz zu sichern, Lenné gestaltete die Parkanlage.

Südöstlich von Brandenburg/Havel liegt die Gemeinde Lehnin. Am leichtesten erreicht man den Ort über die A 2 (Abfahrt Lehnin) oder über die Bundesstraße 102 bis Golzow, dann weiter über die Landstraße

Daten zur Geschichte

500 v . Chr.: Auf dem Bricciusberg und Burgberg existiert eine eisenzeitliche Befestigungsanlage

929–940: Die slawische Burganlage wird erobert

ab 950: Das burgwardium belizi mit Dörfern wird zum Machtzentrum

bis 1200: Kolonisten aus Flandern besiedeln die Region

um 1200: Belziger Burg wird aus Stein gebaut

1200–1300: Besitz der Burg wechselt zwischen Markgraf von Brandenburg, Herzog Albrecht von Sachsen und dem Magdeburger Erzbischof

1298: Die Burg gelangt in den Besitz von Herzog Rudolf von Sachsen

1395: Erzbischof Günther von Magdeburg belagert die Burg vergeblich

1406: Stadt und Burg werden von Magdeburgern erobert

1436: Die Burg erhält Steinbüchsen

1450: Kurfürst Friedrich II. kämpft gegen Sachsen um die Lausitz und fällt in Belzig ein

1465: Ernst von Sachsen baut die Burganlage weiter aus. Burg Eisenhardt verliert in der kommenden Zeit seine militärische Bedeutung und wird als Schloß genutzt

1815: Belzig fällt an Brandenburg-Preußen

Hart umkämpft – Burg Eisenhardt im Fläming

Auf einer bewaldeten Anhöhe über dem Tal des Belziger Bachs thront Burg „Eisenhardt“. Im Zentrum der mittelalterlichen Festungsanlage steht ein mächtiger Bergfried, der weit in die hügelige Landschaft des Flämings hineinragt. Die einst von Flamen besiedelte Gegend ist das Burgenland Brandenburgs und Belzigs, das Tor für die jahrhundertelang umkämpfte Region. Bis heute sind, nur wenige Kilometer voneinander entfernt, zwei weitere Wehranlagen erhalten. Sie zeigen die einst strategische Bedeutung des Dreiländerecks.

Dort rangen Brandenburg, Sachsen und das Bistum Magdeburg um Einfluß. Die Belziger Burg wurde mehrfach belagert, zerstört und wieder aufgebaut. Ritter und Burgmannen hatten nicht nur die vorbeiziehenden Händler zu schützen, sondern auch den Einflußbereich der jeweiligen Landesherrn zu sichern. So wurde bereits im 10. Jahrhundert das „burgwardium belizi“ als politisches und militärisches Machtzentrum an der Stelle einer slawischen Anlage errichtet und nach dem endgültigen Sieg über die Slawen im 12. Jahrhundert wieder aufgebaut.

Ab dieser Zeit entstanden auch in anderen Landesteilen zahlreiche Burgen. Putlitz, Freyenstein oder Meyenburg sicherten in der Prignitz die Grenze zu Mecklenburg. Die Wehranlagen entlang der Nuthe verloren dagegen mit dem fortschreitenden Landgewinn der Askanier an Bedeutung und verfielen. Belzig blieb wegen seiner strategischen Lage erhalten. Reste der Katharinenkirche und der Bergfried aus Granitquadern stammen noch aus der Zeit um 1200. Über die etwa 40 Meter lange Anlage aus Torhaus und Palas herrschte damals ein Burggraf. Wenn er die Zugbrücke hochziehen ließ, genügten 30 Krieger zur Verteidigung. Der Bergfried als

Mittelalterliche Folterinstrumente in der Burg Rabenstein

letzter Fluchtpunkt war gar nicht zu erobern. Er konnte nur belagert werden, bis die Besatzung ausgehungert war.
Am Fuße der Burg lag im Mittelalter ein Wirtschaftsviertel, an den Wegen ins Tal standen die Hütten der Dienstboten und Häuser für Ritter. Die rechtlosen Bauern waren der Willkür des Burgherren ausgeliefert und mußten Burg-, Wach- oder Botendienste leisten. Wege und Brücken waren häufig instandzusetzen, da Belzig an der vielbefahrenen strada publica von Magdeburg nach Jüterbog und von Wittenberge nach Brandenburg lag. Vom 33 Meter hohen Bergfried hielten Wächter nach Räubern Ausschau, und Händler, die mit Pferdefuhrwerken passieren wollten, mußten Wegezoll zahlen. Dafür erhielten sie Geleitschutz. Burgritter sorgten in der Region für Ruhe und mußten doch öfter als ihnen lieb war zu Schwertern und Streitäxten greifen.
Die Grenzen waren zur damaligen Zeit noch längst nicht gesichert. Nach mehrfachen Besitzwechseln gelangte die Burg Ende des 13. Jahrhunderts zwar endgültig in den Besitz von Sachsen-Wittenberg, doch Belzig konnte für die Magdeburger den Weg durch den Fläming blockieren, für die Märker bildete sie das Tor zum Fläming in Richtung Wittenberge. So wurde die Burg immer wieder hart umkämpft: 1278 plünderten die Magdeburger Belzig und umliegende Dörfer, 1348 fielen die Truppen des Brandenburger Markgrafen ein, und 1395 belagerten Söldner des Erzbischofs Günther die Anlage, zerstörten sie wenige Jahre später. Belzig wurde nun zur Grenzbastion mit sieben Türmen und einer neuen Wehrmauer ausgebaut. Die Krieger erhielten Steinbüchsen, die Burg wird seitdem „Eisenhardt“ genannt. Auch Brandenburgs Kurfürst Friedrich II. wurde wieder vertrieben und so blieb die Burg bis zum Wiener Kongreß sächsische Grenzfestung. Erst danach fiel der Fläming an Brandenburg.

Information

Touristeninformation bei der Kur und Freizeit Belzig GmbH, Wiesenburger-Straße 4, Tel.: 033841-34815

Touristische Tips

Das **Heimatmuseum** (Tel. 033841-2461) **in der ehemaligen Burgküche** aus dem 15. Jahrhundert informiert über die Geschichte der Burg und zeigt Mörser, Spießschwert, Schandgeige und auch eine sächsische Postdistanzsäule von 1725.

Von Belzig aus lohnt ein Abstecher ins etwa 15 Kilometer entfernte **Raben**. Dort kann **Burg Rabenstein** mit einem Bergfried aus dem 12. Jahrhundert besichtigt werden. Als dritte erhaltene Wehranlage des Fläming liegt die **Wiesenburg** etwa 10 Kilometer südöstlich von Belzig. Sie wurde 1161 erstmals als „burgwardis Wisenburg“ erwähnt, war bis 1356 im Besitz des Erzbischofs von Magdeburg und fiel dann an Sachsen. Im 16. Jahrhundert bauten die Lehnsherren Brandt von Lindau die Burg zu einem Renaissanceschloß um. Die großzügige Parkanlage mit seltenen Bäumen und Sträuchern stammt aus dem 19. Jahrhundert. Südlich von Wiesenburg beginnt das **Landschaftsschutzgebiet Fläming**. Die Wälder und Heidelandschaften sind ein ideales Wandergebiet.

Etwa 30 Kilometer südlich von Brandenburg/Havel liegt Belzig. Der direkteste Weg dorthin führt über die Bundesstraße 102

Seitenansicht der Burg Rabenstein

Daten zur Geschichte

ab 1160: Systematische Besiedlung im Bereich Elbe, Havel und Spree

nach 1220: Die Markgrafen Johann I. und Otto III. gründen Städte und statten sie mit Rechten aus. Darunter sind Cölln, Berlin und Frankfurt (Oder). Auch der Adel und die Kirche gründen Städte, so etwa Perleberg durch die Edlen Gans, Wittstock durch den Bischof von Havelberg

1319: Markgraf Waldemar stirbt, ein Jahr später der letzte erbberechtigte Askanier. In Brandenburg brechen unruhige Zeiten an

1324: Der König zieht Brandenburg als erledigtes Reichslehen ein und belehnt den Wittelsbacher Ludwig V.

1348: Der falsche Waldemar taucht in Brandenburg auf

1356: Markgraf von Brandenburg wird zu einem der vier weltlichen Kurfürsten des Reichs ernannt

1365: Kurfürst Ludwig stirbt; Nachfolger Otto verzichtet 1373 auf alle Rechte und 1378 werden die Luxemburger mit der Mark belehnt

1393: Märkische Städte schließen einen Vertrag zur gemeinsamen Bekämpfung von Räubern und Raubrittern

Falscher Waldemar und Ruppiner Tor

1348 tauchte der falsche Waldemar in der Mark auf. Er gab sich als Markgraf Waldemar aus, der eigentlich 1319 verstorben war, und behauptete, er habe nur eine Pilgerfahrt ins heilige Land unternommen, kehre aber nun zurück. Der falsche Waldemar wurde von mehreren Fürsten unterstützt, die sich von ihm Vorteile versprachen. 35 Städte erkannten ihn an, auch Gransee öffnete Waldemar seine Stadttore. Nach heftigen Kämpfen errang der amtierende Markgraf Ludwig wieder die Herrschaft und verfügte, daß alle Städte, die dem falschen Waldemar zugejubelt hatten, ihre Stadttore zumauern müssen. Damit der Verkehr weiter durch die Stadt fließen konnte, wurde neben dem Ruppiner Tor das sogenannte Waldemar-Tor erbaut. Erst 1818 gestattete der König von Preußen wieder die Öffnung des zinnengekrönten Haupttors. Auf den falschen Waldemar fielen im übrigen nicht alle Städte herein. So verschlossen sich ihm etwa Spandau, Frankfurt und auch Brietzen, das wegen seiner Standfestigkeit den heutigen Namen Treuenbrietzen erhielt.

„Gründerzeit“ in der Mark: Gransee wird Stadt

Inmitten von Äckern und Wiesen liegt Gransee, 60 Kilometer nördlich von Berlin. Über eine von Eichen und Linden gesäumte Allee geht die Fahrt durch die Ruppiner Schweiz in das kleine Städtchen mit 4.900 Einwohnern. Still und beschaulich ducken sich bescheidene Handwerker- und Bauernhäuser hinter der wehrhaften Stadtmauer, die an kämpferische Zeiten des Mittelalters erinnert.

Die zwei Türme der Marienkirche in Gransee waren im Mittelalter ein Hinweis auf Reichtum

Die Ackerbürgerstadt ist damals wie fast alle märkischen Städte im Zuge der Ostbesiedlung entstanden. Diese erste Brandenburger Gründerzeit im 12. und 13. Jahrhundert diente den Markgrafen vor allem zur Festigung und Urbarmachung des Territoriums sowie als Einnahmequelle.
Sie schickten Werber los, die Siedler aus dem Harz und Schwaben, aus den Niederlanden, Flandern oder Westfalen ins Land holten. Die meisten Städte bekamen 100 bis 200 Hufe Land (1 Hufe sind 10 bis 15 Hektar), das von Locatoren als erblicher Landbesitz unter den Siedlern aufgeteilt wurde. Diese erhielten Freizügigkeit und mußten anfangs nur geringe Pachtzahlungen leisten. Auf diese Weise dürften von den Landesherren, durch Adlige und die Kirche insgesamt rund 100 Städte und 2.500 Dörfer entstanden sein. In vielen kleinen Orten wie in Rönnebeck westlich von Gransee sind aus der Zeit noch romanische Feldsteinkirchen erhalten. In Gransee zeigen die gitterförmig angelegten Straßen heute noch die Planmäßigkeit der Anlage.
Die ersten Häuser der Granseer Siedler rund um Markt und Kirchplatz entstanden vorwiegend aus Holz mit Strohdächern, ein Wassergraben und eine Holzerdebefestigung schützte die Siedlung. Sie lag am Kreuzungspunkt von Handelsstraßen nach Mecklenburg und in die Uckermark, wobei die Gegend am Geronsee bereits vor dem 10. Jahrhundert von Slawen besiedelt war. Nun aber ließen sich Händler und Kaufleute, Bauern und Handwerker nieder. Markgraf Johann verlieh Gransee am 8. Oktober 1262 das „Stadtrecht unserer alten Stadt Brandenburg“.
Damit erhielt Gransee Zollfreiheit in der ganzen Mark und durfte an den Toren selber Zölle erheben. Der genaue Umfang der Stadtrechte ist nur unvollständig überliefert. Als Statthalter des Markgrafen fungierte in der Regel der Locator, welcher das Schulzenamt erhielt. Er zog Steuern, Abgaben und Grundzinsen für den Besitz bei den Bürgern ein. Vögte übten die höhere Gerichtsbarkeit aus und als Selbstverwaltungsorgan entstand der städtische Rat, der aber nicht von Bürgern gewählt wurde, sondern meist in Händen reicher Kaufleute lag.
Vor allem durch den Handel mit Tuchen erreichten im 13. Jahrhundert viele Städte den wirtschaftlichen Aufschwung und einen gewissen Wohlstand, der sich in Gransee an der mächtigen Marienkirche mit ihren zwei Türmen zeigt. Der Unterbau des Sakralbaus ist noch mit Granitquadern begonnen und bis 1520 dann gotisch vollendet worden. Ab 1330 begannen die Ackerbürger auch, ihre Stadtmauer mit 35 Wiekhäusern aus festen Steinen zu errichten. Den einzigen Zugang zur Stadt boten zwei Tore, von denen noch das gotische Ruppiner Tor gleich neben dem mächtigen Pulverturm erhalten ist.
Vor der Wehranlage errichteten die Granseer zusätzlich noch zwei Wachtürme, von denen einer erhalten blieb. Stadtwächter hielten damals nach Raubrittern und Strauchdieben Ausschau, die im 14. Jahrhundert immer öfter Vieh von der Weide geraubt hatten. Per Hornsignal wurden bei Gefahr die Bewohner alarmiert. Hirten und Bauern flüchteten dann mit ihrem Vieh in den Schutz der Stadtmauer. Von den Wieckhäusern gossen sie flüssiges Blei oder siedendes Öl auf ihre Angreifer.

Information

Touristikverband Kreis Oberhavel in Fürstenberg am Bahnhof, Tel.: 033093-2254

Touristische Tips

Lohnenswert ist ein Spaziergang entlang der gut erhaltenen **Stadtmauer Gransees**. Von den mittelalterlichen Bauten wurden fast alle durch zwei Stadtbrände im 17. und 18. Jahrhundert zerstört. Eine Ausnahme ist das Refektorium des alten Franziskanerklosters (13. Jahrhundert). In der **St. Spiritus-Kapelle** (14. Jahrhundert) ist heute das **Heimatmuseum** (Tel.: 03306-21606) untergebracht. Auf dem **Schinkelplatz** steht das 1811 nach Plänen von Schinkel errichtete **Luisendenkmal**.

Das Ruppiner Tor in Gransee

Gransee liegt zwischen Oranienburg und Fürstenberg, nordwestlich von Berlin. Man erreicht die Stadt am besten über die Bundesstraße 96

Daten zur Geschichte

1237: Cölln wird erstmals urkundlich erwähnt. Sechs Jahre später erscheint der Name Berlin erstmals

1411: Markgraf Jost von Mähren stirbt ohne Nachkommen. Die Markgrafschaft fällt an König Siegmund zurück

1411: König Siegmund ernennt seinen Ratgeber, den Burggrafen und Reichsfürsten Friedrich VI. von Nürnberg zum Verwalter der Mark. Beginn der Herrschaft der Hohenzollern

1411–1414: Friedrich VI. stellt den inneren Frieden in Brandenburg wieder her und bezwingt in mehreren Feldzügen die märkischen Adelsgeschlechter

1415: Friedrich VI. wird als Friedrich I. Kurfürst der Mark Brandenburg

1442–1448: Die Doppelstadt Berlin/Cölln wird unterworfen

1448: Berliner Unwille

12. März 1451: Friedrich II. bezieht das Schloß. Das kurfürstliche Gericht wird von Tangermünde nach Cölln verlegt

ab 1486: Unter Kurfürst Johann II. wird Berlin ständiger Aufenthaltsort der Kurfürsten und des ganzen Hofs. Die Stadt übernimmt Regierungsfunktionen mit Zentralbehörden

Eine Zwingburg für Berlin – die Hohenzollern kommen

Wuchtige Mauern umgaben die alte „Zwingburg“ des Kurfürsten an der Spree. Wo heute der Palast der Republik steht, erhob sich im ausgehenden Mittelalter das erste Schloß der Hohenzollern in Brandenburg. Kurfürst Friedrich II. hatte den Grundstein dafür 1443 höchstpersönlich gelegt. Der Bau war gleichsam Signal des Aufbruchs in eine neue Epoche märkischer Geschichte. Die neuen Landesherrn brachen die Macht der erstarkten Städte und setzten mit dem Schloß ihren Herrschaftsanspruch durch – gegen den Willen der Doppelstadt Berlin/Cölln. Sie verlegten damit das Landeszentrum von der Stadt Brandenburg an die Spree. In Berlin und der künftigen zweiten Residenz Potsdam wurde von nun an die Politik Brandenburgs gemacht.

An der Stelle des Stadtschlosses steht heute in Berlin der Palast der Republik. Im Hintergrund der Berliner Dom

Am Anfang aber standen unsichere Verhältnisse. Berlin/Cölln war im 14. Jahrhundert von einer hohen Mauer, Wällen und Gräben umgeben. Die Stadt glich einer festen Burg, während vor den Toren Adelsfehden die Mark ins Chaos stürzten. Schließlich schickte der König den Burggrafen von Nürnberg in die Mark. Der erste Hohenzollern-Herrscher stellte die Sicherheit einigermaßen wieder her. Sein Sohn Friedrich II., auch „Eisenzahn“ genannt, baute die Macht der Landesherrn aus und wählte als neue Residenzstadt das wirtschaftlich führende Berlin/Cölln aus.

Die Doppelstadt lag am günstigsten Übergang über die Spree. Bereits im 13. Jahrhundert entwickelte sie sich zu einem Verkehrsknotenpunkt. Die wichtigste West-Ost-Handelsstraße kreuzte in Berlin die Nord-Süd-Verbindung. Zollfreiheit in der ganzen Mark und das Niederlagsrecht – durchreisende Kaufleute mußten ihre Waren erst einige Tage in der Stadt anbieten – führten zum Aufschwung. Ende des 14. Jahrhunderts gab es in

Ein Gigant aus Stahl, Glas und Beton – der Palast der Republik

der Doppelstadt je drei Rathäuser und Hospitäler sowie mehrere Kirchen. In 1.000 Häusern lebten etwa 8.000 bis 8.500 Menschen.
Der Kurfürst hoffte, durch die Unterwerfung auch die anderen Städte gefügig zu machen. Diese hatten ab 1430 mehrfach Widerstand gegen fürstliche Übergriffe beschlossen. So löste Friedrich II. zunächst die Union von Berlin und Cölln auf, neue Ratsmitglieder mußten künftig von ihm bestätigt werden. 1442 rückte er sogar mit Streitkräften ein und hielt Gericht über die Städte, die ihm Gehorsam geloben mußten. Ins

Wie ein griechischer Tempel – die alte Nationalgalerie in Berlin

Berlin/Cöllner Rathaus zog ein kurfürstlicher Richter, auch die Gerichtsbarkeit und das Niederlagsrecht riß der Landesherr an sich. Die Bewohner mußten ihm Grund und Boden am Cöllner Spreeufer abtreten.
Dort begann bald darauf der Schloßbau. Für die Berliner war es eine „Zwingburg", deren Fertigstellung sie so gut es ging behinderten. 1448 verjagten sie die Bauleute des Kurfürsten, zerstörten das Stauwehr zur Anlage eines Schloßgrabens und fluteten Teile des Geländes. Sie nahmen den Hofrichter gefangen, zerstörten in der landesherrlichen Kanzlei Urkunden. Friedrich II. traute sich nicht, militärisch einzuschreiten.
Der „Berliner Unwille" brach dann aber zusammen, nachdem die anderen märkischen Städte den Berlinern und Cöllnern bei einem geplanten bewaffneten Aufstand gegen den Landesherrn nicht zu Hilfe kamen. So konnte Friedrich II. 1453 doch noch in seiner silbernen Rüstung und einem pelzbesetzten, blauen Samtmantel das fertige Schloß beziehen.
Die Selbständigkeit der Doppelstadt war nun freilich zu Ende: Das alte Stadtsiegel von 1338 – der Berliner Bär trägt um seinen Hals ein Schild mit dem Brandenburger Adler – wird 1448 ersetzt. Jetzt thront der Landesadler auf dem Bären. Die Hohenzollern hatten sich durchgesetzt. Es war der erste vollkommene Sieg des Fürstentums über das Bürgertum. Der Aufbau einer zentralen Staatsgewalt konnte beginnen.

Touristische Tips

Zur Stadtgeschichte Berlins und des Berliner Raums empfiehlt sich das **Märkische Museum**, Am Köllnischen Park 5, Tel.: 030-308660. Führungen durch **Berlin** bietet das **Stadtmuseum** in der Poststraße 13/14, Tel.: 030-2380900 an.

Information

Berlin Tourismus im Europa-Center, Eingang Budapester Straße, Tel.: 030-250025

Vom Bau bis zur Sprengung des Schlosses

Das burgähnliche Schloß, in das der mächtige Rundturm der Cöllner Stadtmauer, der „Grüne Hut", integriert wurde, entstand von 1443-51. Ab 1538 baute Caspar Theiß die Anlage zum dreistöckigen Renaissanceschloß aus. Ab 1698 erweiterte Andreas Schlüter, der „Michelangelo des Nordens", das Schloß zu einer prächtigen Barockanlage. Nachdem der von ihm errichtete Münzturm einsturzgefährdet wieder abgerissen werden mußte, führte von 1706 bis 1713 Eosander von Göthe den Bau weiter. Bis 1918 entstand noch eine Kapelle und an der Spreeseite eine Terrasse. Das rund 25 Meter hohe Schloß mit vier Innenhöfen hatte jetzt 1.210 Räume, war 192 Meter lang und 116 Meter breit.
Bei einem Luftangriff am 3. Februar 1945 wurde der Barockbau stark beschädigt und ab dem 6. September 1950 mit 13 Tonnen Sprengstoff gesprengt, obwohl das Schloß erhaltenswert war. In einigen Räumen fanden nach dem Krieg sogar noch Ausstellungen statt. Parteichef Walter Ulbricht verkündete dann aber am 3. Parteitag der SED im Juni 1950: „Das Zentrum unserer Hauptstadt, der Lustgarten und das Gebiet der jetzigen Schloßruine, müssen zu einem großen Demonstrationsplatz werden, auf dem der Kampfwille und Aufbauwille unseres Volkes Ausdruck finden können." Lediglich das von Eosander von Göthe erbaute Portal IV blieb erhalten und wurde 1962 bis 64 im DDR-Staatsratsgebäude als Eingang verwendet. Grund: Von dem Portal hatte Karl Liebknecht am 9.11.1918 die „Freie Sozialistische Republik" ausgerufen.

Brandenburg im frühmodernen Staat

Mit dem ausgehenden 15. Jahrhundert beginnt in Brandenburg eine neue Epoche. Aus der belächelten „Streusandbüchse des Heiligen Römischen Reichs" entwickelt sich nun ein moderner Staat. Zunächst markiert die Reformation den Übergang des Mittelalters zur frühen Neuzeit. Das welthistorische Ereignis wird durch den Ablaßhandel Johann Tetzels in Brandenburg ausgelöst und vollzieht sich in der Mark als lange währender Prozeß. In dessen Folge wird der Kurfürst durch die Säkularisierung geistlicher Besitztümer zum bedeutendsten Grundbesitzer des Landes, dessen staatlicher Gewalt sich nun auch die Kirche unterordnet. Die Landesherrn bauen die Verwaltung aus und führen ab 1604 als oberstes Regierungs- und Verwaltungsorgan den Geheimen Rat ein. Für die einfache Bevölkerung verschlechtert sich die Situation jedoch eher. Abgaben und Handdienste der Bauern steigen; als Leibeigene bleiben sie in einigen Landesteilen an die Hofstellen gefesselt und der Gerichtsbarkeit ihrer Gutsherren unterworfen. Zahllose Kämpfe verwüsten dann das Land, der Dreißigjährige Krieg ist für die Mark eine Katastrophe. Etwa jeder zweite Bewohner stirbt während der Zeit. Unter dem Großen Kurfürsten muß Brandenburg mühsam wieder aufgebaut werden. Erstmals stellen die Landesherrn jetzt ein stehendes Heer auf. Potsdam entwickelt sich zu einer Stadt der Kasernen und neben Berlin zur zweiten Residenz der Hohenzollern. Beide Städte bilden das Zentrum der Mark, die zum Kernland des neuen preußischen Staates wurde.

Reformation: Frankfurt an der Oder gegen Wittenberg

An der Spitze schritten mit wallenden Fahnen Franziskanermönche, gefolgt von Vertretern der sieben freien Künste und dem ersten Rektor Conrad Wimpina. Auch Kurfürst Joachim I. und sein Bruder Albrecht nahmen am Festumzug teil. Es war der 26. April 1506, die feierliche Eröffnung der ersten Brandenburger Landesuniversität Viadrina.

Die Messe- und Handelsstadt Frankfurt an der Oder entwickelte sich nun auch zum kulturellen Zentrum mit ständigem Buchdruck. Schon im ersten Jahr immatrikulierten sich 950 Studenten. Auch Ulrich von Hutten und Thomas Münzer schrieben sich ein, doch schon ab 1518 nahm die Attraktivität der Viadrina ab. Schuld daran war die antilutherische Haltung von Rektor Wimpina, unter dem die Uni zur Trutzburg gegen das etwa 200 Kilometer entfernte Wittenberg verkam.

Dort hatten die Sachsen noch vor den Brandenburgern eine Universität gegründet, die sich unter dem Augustinermönch Martin Luther zur Hochburg der Reformation, dem „deutschen Rom" entwickelte. Den Anlaß zum weltpolitisch bedeutenden Ereignis der Reformation aber lieferten der Ablaßprediger Johann Tetzel, Brandenburgs Kurfürst Joachim I. und sein Bruder Albrecht. Der Hohenzollern-Herrscher verschaffte nämlich

Daten zur Geschichte

1506: Viadrina wird eröffnet

1517: Tetzel verkauft Ablässe in Brandenburg und im Magdeburger Land

31. Oktober 1517: Luther schlägt seine 95 Thesen an die Schloßkirche zu Wittenberg

1518: Conrad Wimpina verfaßt 50 Frankfurter Antwortthesen und promoviert Tetzel zum Doktor

1524: Kurfürst Joachim I. verbietet den Kauf oder Besitz der neuen verdeutschten Bibel

1527: Kurfürstin Elisabeth schließt sich der Reformation an. Ihr Gemahl läßt prüfen, ob sie zum Tode verurteilt werden kann. Elisabeth flieht 1528 aus dem Berliner Schloß nach Sachsen

1535: Kurfürst Joachim I. stirbt. Nachfolger Joachim II. erhält die Kurmark, Johann die Neumark

1538/39: Markgraf Johann nimmt das Abendmahl in lutherischer Form ein und leitet im östlichen Landesteil die Reformation ein. Ein Jahr später beginnt die Reformation auch in der Kurmark mit evangelischen Gottesdiensten in Spandau und Berlin

1811: Viadrina wird in Frankfurt geschlossen und mit der Leopoldina in Breslau vereinigt

1991: Wiedergründung der Europa-Universität Viadrina

Reformation

Ab 1540 wird in Brandenburg eine neue Kirchenordnung eingeführt, zehn Dominikaner-, elf Franziskaner- und 17 Frauenklöster wurden aufgelöst. Die Mark wird in Kirchenkreise aufgeteilt und erhält nach Wittenberger Vorbild ein Konsistorium als oberste Verwaltungsbehörde der Landeskirche.

seinem Bruder gegen beträchtliche Geldzahlungen an die päpstliche Kurie den Mainzer Stuhl des Erzbischofs. Dazu mußte Joachim I. Kredite bei den Augsburger Fuggern aufnehmen – und zurückzahlen.
So bereiste ab dem Frühjahr 1517 der Dominikanermönch Johann Tetzel im Auftrag von Erzbischof Albrecht Brandenburg und das Magdeburger Land. Er verkaufte Ablässe, um die Mittel zur Rückzahlung der Darlehen wieder hereinzubringen. Wem seine Sünden vergeben werden sollten, mußte zahlen. Selbst für bereits Verstorbene, die im Jenseits büßten, verkaufte der geschäftstüchtige Tetzel Ablaß.
Martin Luther formulierte gegen diese Praxis seine 95 Thesen über

An der Straße An der alten Universität erinnern Gedenktafeln an die alte Viadrina

kirchliche Mißstände und schlug sie an die Schloßkirche zu Wittenberg. Er hatte von Tetzels Praxis aus Jüterbog erfahren, wo Wittenberger Bürger Ablässe kauften. Die Antwort der Viadrina kam prompt: Johann Tetzel wurde dort zum Doktor der Theologie promoviert, und Rektor Wimpina verfaßte eine Gegenschrift auf Luther, die 50 Frankfurter Antwort-Thesen. Für die Studenten war jedoch Luthers Lehre viel interessanter, sie wanderten in Scharen nach Wittenberg ab.
Auch in der Mark verbreiteten seit 1525 einzelne Pfarrer und Lehrer die neue Lehre. Die meisten Städte und Teile des Adels standen auf Luthers Seite, versuchten sich mit seiner „Hilfe“ ihrer finanziellen Verpflichtungen gegenüber Kirchen und Klöstern zu entziehen. Trotz der Aussicht auf Säkularisationsgewinne blieb Kurfürst Joachim I. katholisch, erst nach seinem Tod begann die Reformation.
Auch an der Viadrina setzte sich ab 1540 die lutherische Fraktion durch und eine evangelisch-theologische Fakultät wurde nach Beratungen mit dem Wittenberger Philipp Melanchthon eingerichtet. Theologie-Professor Andreas Musculus wurde später Generalsuperintendent und verhalf den Anschauungen Luthers endgültig zum Durchbruch. Die Anziehungskraft der Viadrina nahm wieder zu; später studierten dort auch Heinrich von Kleist sowie Alexander und Wilhelm von Humboldt.
Martin Luther hat übrigens das Geschehen in Brandenburg aus kritischer Distanz beobachtet und märkischen Boden nie betreten.

Information

Fremdenverkehrsverein Frankfurt (Oder), Karl-Marx-Straße 8a, Tel.: 0335-325216

Touristische Tips

Die Geschichte der **Frankfurter Universität** wird im **Museum Viadrina** (Tel.: 0335-22315), Philipp-Emanuel-Bach-Straße 11, dargestellt. In dem Gebäude befand sich im 16. Jahrhundert das Junkerhaus, eine Logis adliger Studenten. Nur wenige Meter entfernt liegt das **Kleist-Museum** (Tel.: 0335-531155), Faberstraße 7. Der Schriftsteller wurde in Frankfurt geboren und studierte an der Viadrina. Die Gedenkstätte gibt Einblick in Leben, Werk und Wirken des Dichters.

Das Museum Viadrina

Frankfurt (Oder) liegt an der Grenze zu Polen, rund 80 Kilometer östlich von Berlin. Der direkteste Weg führt über die A 12. Auf der Stadtbrücke ist der Grenzübergang

Daten zur Geschichte

1618–1648: Dreißigjähriger Krieg

1631: Schwedische Truppen plündern Frankfurt (Oder). Nach zeitgenössischen Berichten werden auf den Gassen 1.722 Tote tagelang nicht bestattet

1636: Eine der größten Schlachten am Scharffenberg bei Wittstock. 23.000 Schwedische Soldaten besiegen ein kaiserliches Heer (30.000 Mann)

1648: Der Westfälische Friede von Münster bringt Brandenburg etwa 30.000 Quadratkilometer Gebietszuwächse

ab 1647: Mehrere hundert Niederländer und Friesen werden angesiedelt, vor allem in Tangermünde, Lenzen und Chorin

1661–1683: Der Kurfürst erläßt insgesamt sieben Einwanderungspatente

1671: Der Kurfürst kündigt die Aufnahme von 50 jüdischen Familien mit einem Mindestvermögen von 10.000 Talern an

1675: Brandenburger Truppen schlagen die Schweden bei Hakenberg

1685: Edikt von Potsdam. Rund 10.000 Hugenotten kommen aus Frankreich und siedeln in 60 Kolonien. Die größten entstehen in Berlin und Magdeburg

1688: Auf 111.000 Quadratkilometern in Brandenburg-Preußen leben geschätzte 1,6 Millionen Einwohner – etwa 20 Millionen sind es zu der Zeit in Frankreich

ab 1689: Etwa 7.000 reformierte Kolonisten aus der Pfalz werden angesiedelt

Das Edikt von Potsdam

Nachdem der französische König Ludwig XIV. am 16. Oktober 1685 im „Edikt von Nantes" den Katholizismus zur Staatsreligion erhoben hatte, kam es zu einer Flüchtlingswelle. Brandenburgs Kurfürst Friedrich Wilhelm reagierte darauf am 8. November 1685 mit dem „Chur-Brandenburgischen Edict". Er gewährte den Flüchtlingen Privilegien und nannte – an ungelernten Arbeitskräften war er nicht interessiert – auch gleich Berufszweige, die in der Mark fehlten oder nur schwach ausgeprägt waren: Hut- und Schuhmacher, Fabrikanten von Tuchen und Stoffen, Wollenweber oder Färber. Mit Hinweisen zu Sammelplätzen für die Ansiedlung in der Mark wurde das Edikt an die Gesandtschaften in Paris, Den Haag oder Hamburg verschickt und unter den Flüchtlingen verteilt. Mit dem einsetzenden Zuzug belebte sich die Wirtschaft und bis dahin unbekannte Produktionszweige wie die Fabrikation von Glas, Seide, Seifen oder Strümpfen entstanden. Der Tabakanbau in der Uckermark entwickelte sich im 18. Jahrhundert mit 4.400 Hektar Anbaufläche sogar zum größten geschlossenen Anbaugebiet Deutschlands.

Schwedt nach 30 Jahren Krieg – Hugenotten pflanzen Tabak

Auf den Äckern wucherte das Unkraut, Dörfer waren geplündert und niedergebrannt, viele Bewohner getötet. Nach dem Dreißigjährigen Krieg bot die Mark ein Bild des Schreckens. Ganze Landstriche waren entvölkert, jeder zweite Brandenburger hatte sein Leben gelassen. In Schwedt gab es sogar 171 wüste Häuser, von ehemals 202 Bürgern überlebten nur 31. Kurfürst Friedrich Wilhelm mußte den Wiederaufbau beschleunigen und rief daher ab Mitte des 17. Jahrhunderts Niederländer und Schweizer, Friesen und Hugenotten ins Land.

So strömten nach dem 1685 erlassenen „Edikt von Potsdam" über 10.000 protestantische Glaubensflüchtlinge aus Frankreich in die Mark. Die Hugenotten brachten nicht nur Bouillon und Buletten mit, sondern auch moderne Produktionsmethoden und technische Neuerungen wie etwa den

Ein altes Tabakgebäude in Vierraden nördlich von Schwedt

Strumpfwirkstuhl. Und sie begründeten den Tabakanbau in der Uckermark. Bis heute stehen entlang der alten via reggia über Schwedt und Vierraden nach Stettin Tabakspeicher und Trockenscheunen.

Der Kurfürst hatte den Flüchtlingen damals Höfe und Ländereien angeboten. Zur Ansiedlung von Schweizer Bauern zahlte er sogar Reisekosten und eine Tonne Bier bei ihrer Ankunft. Die Hugenotten blieben zehn Jahre lang abgabenfrei und waren gegen Dienstgeld von Frondiensten befreit. Schon ein Jahr nach ihrer Ankunft siedelten die ersten nordfranzösischen Tabakpflanzer in Schwedt und Vierraden.

Sie begannen sogleich, Frühbeete anzulegen und ab Mai wuchsen die ersten Tabakpflanzen mannshoch auf den Feldern. Der leicht lehmige Sandboden und die hohe Luftfeuchtigkeit begünstigten den Anbau des Virginia-Tabaks. Ab Mitte August wurde er mühevoll geerntet, auf Schnüre gezogen und trocknete dann in Scheunen, Speichern, ja sogar auf dem

Ein Tabakfeld im Umland von Schwedt

Boden der Kirchen. Die hellgelbe Farbe und Leichtigkeit machte den Tabak bald beliebt. Aufkäufer aus Hamburg, Magdeburg und Stettin waren nun mit prallen Geldkatzen häufige Gäste in der Region.

Kurfürst Friedrich Wilhelm trieb zur gleichen Zeit die innere Kolonisierung der Mark voran. Er ließ Sumpfgebiete entwässern, neue Chausseen bauen und förderte Manufakturen. Trotzdem produzierte etwa die Landwirtschaft zum Teil erst im frühen 18. Jahrhundert wieder soviel wie in der Zeit vor dem Krieg; einige Städte erreichten ihre ehemaligen Einwohnerzahlen sogar erst im 19. Jahrhundert.

Nicht ganz problemlos verlief die Eingliederung der Hugenotten. Immer wieder kam es zu Reibereien und offenem Fremdenhaß gegenüber den neuen Siedlern mit ihren Vergünstigungen. Zum Teil wurden sogar Gehöfte angesteckt, damit dort keine Hugenotten einziehen konnten. Dennoch siedelten sich allein in die Uckermark 2.000 Flüchtlinge an, die mit einheimischen Pflanzern und Bauern den Anbau von Tabak ausweiteten.

Es entstanden Manufakturen, in denen die Blätter gärten und dann mit einer speziellen Beize aus Rosenblüten, Nelken oder Lavendel behandelt wurden. Für den Eigenbedarf rollten die Bauern mehrere Blätter zusammen und legten sie mit Stroh umwickelt zehn Tage zum Gären in einen Dunghaufen. Fertig war der braune Tabak, der in feinerer Form auch am Hof in Mode kam. Dort führte der Landesherr Tabakskollegien ein, wo man sich in trauter Runde Tonpfeifen anzündete.

Die Ansiedlung der Hugenotten hatte sich gelohnt. Friedrich der Große schrieb im Rückblick: „Die reichsten gingen nach England und Holland; die ärmeren, aber betriebsamsten flüchteten ins Brandenburgische; ...Sie halfen unsere verödeten Städte wieder bevölkern und verschafften uns die Manufakturen, welche uns mangelten."

Touristische Tips

Das **Heimatmuseum Schwedt**, Am Markt 4 (Tel.: 03332-23460) informiert über die Geschichte des Tabakanbaus in der Region. In Schwedt sind noch einige alte Tabakspeicher sowie die französische Kirche erhalten. Während der DDR ist Schwedt zum Standort für Petrochemie ausgebaut worden. Das **Hugenottenmuseum** (Tel.: 030-2291760) im Französischen Dom am Berliner Gendarmenmarkt stellt die Geschichte der Hugenotten in Frankreich und Berlin-Brandenburg dar.

Information

Fremdenverkehrsverein Schwedt/Oder, Lindenallee 36, Tel.: 03332-25590

Etwa 100 Kilometer nordöstlich von Berlin liegt Schwedt an der Grenze zu Polen. Am besten fährt man über die A 11 bis Joachimsthal, dann weiter über die B 198 und die B 2 über Angermünde bis Schwedt

Der Alte Markt in Potsdam

Ein Schloß im „Paradies“: Potsdam wird Residenzstadt

„Das ganze Eyland muß ein Paradies werden“ schrieb Statthalter Johann Moritz von Naussau-Siegen 1647 an Kurfürst Friedrich Wilhelm. In der Mitteilung steckte bereits das Programm für die nächsten Jahrhunderte. Denn eine Art Paradies mit prächtigen Schlössern und kunstvoll gestalteten Parks sollte an der Havellandschaft in Potsdam auch entstehen. Den Anfang machte Friedrich Wilhelm. Er entschied, in dem verlassenen Fischerdorf seine zweite Residenz zu errichten.

Die Zeit des Schloßbaus gehörte zu einem Wendepunkt märkischer Geschichte. Während des Dreißigjährigen Krieges waren abwechselnd katholische und protestantische Truppen durch die Mark gezogen und hatten sie verwüstet zurückgelassen. Die Brandenburger Armee zählte anfänglich nur 900 Mann und konnte den Schweden oder Wallensteins Kriegern nichts entgegensetzen. Das änderte sich nun.

Hinter den Neuen Kammern erhebt sich die Mühle von Sanssouci

Der Kurfürst stellte erstmals ein Heer auf, das im Frieden nicht mehr abgebaut wurde. Die Truppen erreichten schon nach wenigen Jahren eine Stärke von 8.000 Mann. Damit erhielt Friedrich Wilhelm auch ein Machtmittel, Adel und Städte zu disziplinieren und Brandenburg zu einem absolutistischen Staatswesen auszubauen.

Vom Tatendrang des Landesherren profitierte Potsdam. Gerade mal 700 Menschen wohnten 1660 in der Siedlung. Von 198 Wohnhäusern waren 119 zerstört und im verfallenen Schloß waren Schafe untergebracht. Kaufleute fehlten in der Fischersiedlung völlig. Wasser und Sumpfgebiete schnürten den Ort regelrecht ein. Doch der Kurfürst erwarb die Stadt sowie mehrere Nachbardörfer von Pfandinhabern zurück.

Ab 1662 rückten dann Straßenbauer, Maurer und andere Handwerker an.

Daten zur Geschichte

1640: Kurfürst Georg Wilhelm stirbt, Nachfolger wird sein 20jähriger Sohn Friedrich Wilhelm

1643: Die Erbhuldigung der märkischen Städte für den neuen Kurfürst findet erstmals nicht mehr in Brandenburg, sondern in Berlin-Cölln statt

1644: Aufbau eines stehenden Heeres. Soldaten werden erstmals nicht auf den Kaiser, sondern auf den Brandenburger Landesherren vereidigt. 1678 zählt das Heer bereits 45.000 Mann

1653: Erhebung der Kontribution als adliger Grundsteuer, die auf die Untertanen abgewälzt wird. Mit den Steuergeldern wird das Heer bezahlt

1654: Der Geheime Rat wird zur zentralen Regierungsbehörde

1657: Ausbau Potsdams zur zweiten Residenz

1662–1669: Bau des Stadtschlosses

1667: Akzise wird als neue städtische Steuer eingeführt

1675: Brandenburger Truppen (5.700 Mann) schlagen die schwedische Armee (11.000 Mann) bei Hakenberg

1688: Friedrich Wilhelm stirbt an Wassersucht im Potsdamer Stadtschloß

Der „Große Kurfürst“

Am 28. Juni 1675 besiegen die Truppen des Kurfürsten im Sumpfgelände bei Hakenberg südöstlich von Fehrbellin die mit 11.000 Mann doppelt so starke schwedische Armee. Die erste allein ausgetragene Feldschlacht Brandenburgs begründet in ganz Europa den Ruhm Friedrich Wilhelms, der in einem in Straßburg gedruckten Lied zum ersten Mal „Großer Kurfürst“ genannt wird. Heute erinnert bei Hakenberg eine Denkmalanlage mit einem Aussichtsturm und einer Marmorbüste von Friedrich Wilhelm an diese Schlacht.

Sie rissen das alte Gebäude am heutigen Alten Markt ab und erbauten bis 1699 nach Entwürfen von Johann Gregor Memhardt im holländischen Stil ein schlichtes Barockschloß mit Schiffsanlegeplatz. Die Berliner und Breite Straße sowie die Jägerallee entstanden; an deren Ende wurden später die Lustschlösser Glienicke, Caputh und Bornim erbaut.

Die hohen Kosten für den Ausbau der Stadt bezahlten natürlich die Untertanen. In den märkischen Städten wurde die Akzise eingeführt, eine Verbrauchssteuer auf Salz, Getreide oder Fleisch. Schon den Aufbau des Heeres hatte der Kurfürst durch eine Steuer finanziert, die erstmals ständig erhoben wurde. Alle Angelegenheiten, die den Staat betrafen, entschied nun der Geheime Rat, der mit erfahrenen Beamten zu einer zentralen Regierungsbehörde wurde. Armee und Steuerverwaltung zwangen so ein Land zusammen, in dem bereits die Anfänge des künftigen preußischen Beamten- und Militärstaates geschaffen waren.

Der Marstall beherbergt heute das Potsdamer Filmmuseum

Mit seinem Hofstaat zog es den Großen Kurfürsten immer öfter ins Potsdamer Stadtschloß. Im Tiergarten am gegenüberliegenden Havelufer hielt er feudale Fuchs- und Hirschjagden ab. In seiner Residenz ging es hoch her. Zu Besuchen und Empfängen kamen teilweise über 3.000 Gäste. Es gab Feuerwerke, Bälle und Lustfahrten auf der Havel. Das Leben des Hofstaates belebte Handel und Handwerk, die Potsdamer stöhnten aber auch über zahlreiche Reglementierungen ihres Alltags.

So sollte nach der 1671 erlassenen Stadt- und Kirchenordnung „Unordnung, unfleiß und nachleßigkeit“ ein Ende haben. Bei Verstößen drohten harte Geldbußen oder gar Gefängnis. „Unnütze lose Gesinde so nicht arbeiten noch niemanden dienen wolle…“ schob die Verwaltung kurzerhand ab. In Alleen, Gehegen und Stegen durften „lediggänger“ nicht einfach herumlaufen. Man befürchtete mutwillige Zerstörung und stellte schon damals entsprechende Bestrafungszeichen auf.

Information

Potsdam-Information, Friedrich-Ebert-Straße 5, Tel.: 0331-291100

Das Stadtschloß

Das Stadtschloß war früher die Mitte Potsdams. Von dem ehemals prächtigen Gebäude am Alten Markt steht aber nur noch der Marstall, in dem heute das Filmmuseum untergebracht ist. Das mehrfach umgebaute und insbesondere unter Friedrich dem Großen zur Winterresidenz erweiterte Stadtschloß fiel am 14. April 1945 dem Bombardement der Royal Airforce zum Opfer. Es war zwar noch erhaltenswert, doch die SED wollte die Erinnerung an Preußen tilgen und einen modernen Aufmarschplatz schaffen. 1959 wurden die Ruinen des Stadtschlosses gesprengt. Seit der Wiedervereinigung wird in Potsdam und auch in Berlin überlegt, die beiden Stadtschlösser wieder aufzubauen.

Touristische Tips

Die Geschichte der Stadt und des Schlosses wird im **Potsdam-Museum** (Tel.: 0331-2896800) in der Breiten Straße 13 präsentiert. Derzeit sind aber nur einzelne Ausstellungen in den **Hiller-Brandtschen Häusern** zu sehen, weil das Museum geschlossen ist. Wer die Stadtgeschichte erwandern will, kann sich bei einer Führung von Stadtreisen (Tel.: 030-4553028) durch Potsdam informieren.

Lange Kerls – hohe Kosten

In Potsdam hatte der Soldatenkönig über 3.000 Lange Kerls stationiert. Die Querpfeifer des Regiments waren Mohren, die Soldaten trugen später gelbe Westen und Hosen mit preußisch blauen Uniformröcken und hohen glitzernden Blechmützen. Überall in Europa ließ Friedrich Wilhelm die Grenadiere anwerben, zahlte Handgelder von 1.000 Talern. Für den stattlichsten Grenadier seiner Leibgarde, den 2,17 Meter langen Iren Kirkland, soll der König sogar 9.000 Taler hingelegt haben. Die Langen Kerls erwiesen sich am Ende als recht teures Vergnügen. Nur für Werbungskosten hatte der König von 1713–1735 über 12 Millionen Taler gezahlt, während er für den Lebensunterhalt seiner Familie und der Bediensteten gerade 50.000 Taler jährlich bewilligte. Schließlich überkamen den sonst sehr sparsamen König, der selber stets nur einen einfachen blauen Uniformrock trug, doch Zweifel an den Kosten – und er verbrannte die Rechnungen.

Sparta an der Havel – die Langen Kerls marschieren ein

Ungläubig standen die Potsdamer an ihren Fenstern und blickten auf die Straße: 600 riesige Soldaten mit einem Gardemaß von sechs preußischen Fuß (1,8831 Metern) marschierten in roten Uniformen über das Pflaster der kleinen Stadt. Es war der 3. Juli 1713, König Friedrich Wilhelm I. hatte seit vier Monaten das Zepter inne und mit dem Aufmarsch der Leibgarde klargemacht: In seinem Reich zählen vor allem Soldaten und Uniformen, Ordnung und Disziplin. Während sich sein Vater selber zum König in Preußen gekrönt hatte, prächtige Gebäude und Empfänge, Gold

Das Brandenburger Tor in Potsdam

und Juwelen über alles liebte, sagte der Soldatenkönig nur: „…erlauben Sie, daß ich auch mein Vergnügen habe, das hauptsächlich in einer Menge guter Truppen besteht.“

Und so geschah es. Es wehte nun ein scharfer militärischer Wind durch die Mark, die inzwischen zur Zentralprovinz Preußens geworden war. Friedrich Wilhelm I. verdoppelte während seiner Regierungszeit die Truppen, machte ganz Potsdam zu einer riesigen Kaserne. Den Lustgarten vor dem Stadtschloß ließ er in einen staubigen Exerzierplatz umwandeln. Dort drillte er seine Langen Kerls oft höchstpersönlich. Die großgewachsenen Soldaten galten als Statussysmbol für die Stärke einer Armee und hatten beim Laden der langen Gewehre Vorteile.

Für die Massen neuer Soldaten mußten bald zwei neue Stadtteile mit hohen Zollmauern aus dem sumpfigen Boden gestampft werden. Danach wurde Kompanie für Kompanie hereingeführt und auf die Bürgerquartiere verteilt. Die Häuser zwischen Hegelallee und Charlottenstraße waren auf kostengünstigen Einheitsgrundrissen wie eine „Reihenhaussiedlung“ errichtet worden, und wer heute durch die Einkaufsmeile Brandenburger

Das Jägertor in Potsdam

Straße geht, kann sich kaum vorstellen, daß in jeder Dachstube Soldaten untergebracht waren. Jeder Hausbesitzer mußte damals zwei bis sechs Lange Kerls aufnehmen, nur ein geringer Teil wohnte in Kasernen.
Auch für Mahlzeiten, Heizung und Schlafstatt mußten die Potsdamer aufkommen. Während normale Soldaten ihr Haupt auf Stroh betteten, wurde den Grenadieren 60 Pfund Gänsefedern genehmigt. Schon die Kosten für die riesigen Betten überforderte die Stadt und so brummte der König den märkischen Kreisen jahrelang die „Potsdamschen Bettgelder“ auf. Für den Straßen- und Häuserbau waren weitere Abgaben fällig.
Viele Lange Kerls fühlten sich in der Garnisonstadt jedoch wie im Gefängnis. Stadtmauern und Palisaden an der Havel sollten sie vor allem an der Fahnenflucht hindern. So schrieb Pater Bruns, Seelsorger der

Traditionsvereine halten die Langen Kerls am Leben

katholischen Soldaten, über die Lage vieler Grenadiere: „…entfliehen konnten sie nicht und frei werden konnten sie auch nicht. Daher stürzten sich viele ins Wasser und ertränkten sich; andere verstümmelten sich, erhängten sich oder töteten sich sonst auf eine andere Weise. Andere, des Lebens überdrüssig, ermordeten einen Kameraden, damit sie hingerichtet würden. Diese Letzteren ließ der König Spießruthenlaufen oder von unten nach oben rädern.“
Friedrich Wilhelm I. griff mit harter Hand durch, um die Macht Preußens auszubauen. Zum Ende seiner Regentschaft hatte er Potsdam in ein „Sparta des Nordens“ verwandelt. Jeder dritte Einwohner war Soldat, die Einwohnerzahl von 1.500 auf über 11.000 angewachsen und fast 1.000 neue Häuser gebaut. Eine Gewehrfabrik produzierte Waffen, Tuchmanufakturen Uniformen und die für Soldaten erbaute Garnisonkirche prägte mit ihrem 88 Meter hohen Turm die Silhouette der Stadt, bis sie 1968 gesprengt wurde. Der Soldatenkönig hatte zwar keine größeren Kriege geführt, sein Land aber katapultierte er – von der Einwohnerzahl an 13. Stelle – zur viertgrößten Streitmacht Europas.

Touristische Tips

Zu einem Stadtspaziergang lädt das planmäßig angelegte Areal der zweiten barocken **Neustadt** zwischen Schopenhauer-, Hegel-, Hebbel- und Charlottenstraße ein. Viele Häuser wie etwa in der Potsdamer Einkaufsmeile, der Brandenburger Straße, stammen noch aus der Zeit des Soldatenkönigs. Allerdings ließ Friedrich der Große die simplen Fachwerkfassaden später durch repräsentativere Vorbauten ersetzen. Abgeschlossen wird das Viertel im Norden durch die Hegelallee mit dem Jägertor an der Ecke Lindenstraße, dem ältesten **Potsdamer Stadttor** aus dem Jahr 1733. Vom Bau der Neustadt sind in der Großen Fischerstraße noch Reste der alten, fast vier Meter hohen **Stadtmauer** aus dem Jahr 1722 zu sehen.

Daten zur Geschichte

1701: Der Brandenburger Kurfürst krönt sich als Friedrich I. in Königsberg zum König „in“ Preußen. Er ist berüchtigt wegen seiner Verschwendungssucht

1713: Friedrich Wilhelm I. wird König

1717: Schulpflicht wird in Orten mit Schulen eingeführt

1720: „Enrollierung junger Männer“ für ihre späteren Standquartiere

1721–35: Bau der Potsdamer Neustadt bis zur Linden- und Charlottenstraße

1722: Gründung des Militärwaisenhauses, der Gewehrfabrik und Weihe der Garnisonkirche

1723: Johann Sebastian Bach beendet „Brandenburgische Konzerte“, die der Sohn des Königs bestellt hatte

Potsdam liegt nur einen Katzensprung westlich von Berlin, ist von dort über die Stadtautobahn A 115 (Abfahrt Wannsee oder Potsdam-Babelsberg) zu erreichen. Vom Umland führt der Berliner Ring A 10 (Abfahrt Potsdam Süd oder Marquardt) zur Stadt

Daten zur Geschichte

1733–38: Zweite Potsdamer Stadterweiterung. Zahl der Häuser versechsfacht sich von 199 auf 1.163

1740: Der Soldatenkönig wird in der Garnisonkirche beigesetzt. Friedrich der Große wird König. Die Armee zählt nun 76.000 gegenüber 39.000 Mann (1713)

Vorbild Niederlande: Der König holt Holländer ins Land

Zusammen mit Ingenieuren steckte der König eines morgens Straßen und Karrees für die zweite Stadterweiterung ab. Das Gelände im Nordosten der Havelsiedlung war so sumpfig, daß Friedrich Wilhelm I. mit seinem Pferd fast im Morast versunken wäre. Fachleute für das Bauen auf solchem Untergrund fehlten in Brandenburg und deshalb hatte der Solda-

Kunstvolle Fensterläden zieren die Holländerhäuser

Rote Ziegel, hohe Giebel – Holländerhäuser in Potsdam

tenkönig bereits 1732 in Holland versucht, Experten anzuwerben. Er versprach Hand- und Zehrgelder, feste Arbeitseinkünfte und kostenlose Unterbringung. Um einen festen Stamm der Fachleute dauerhaft anzusiedeln, sollten sie ein ganzes Stadtviertel in ihrer landestypischen Ziegelbauweise errichten. Das Viertel ist bis heute das sichtbarste Zeichen für den zwei Jahrhunderte währenden Einfluß holländischer Kultur in Brandenburg.

Die Niederlande galten damals als fortschrittlichster Staat Europas. Sie verfügten über eine vorbildliche Verwaltung, starkes Militär sowie blühende Künste und Wissenschaften. Außerdem vertraten sie den gleichen reformierten Glauben wie die Hohenzollern. Schon der Große Kurfürst war tief beeindruckt, als er von 1634 bis 1638 einen Bildungsaufenthalt in Holland absolvierte und an der Uni Leiden Staatsrecht, Geschichte und Politik studierte. Er brachte von dort auch seine erste Gemahlin Luise Henriette von Oranien nach Potsdam mit. Bereits kurz nach dem Dreißigjährigen Krieg rief er aus Holland politische Berater, Handwerker und Landwirte, Kaufleute und Künstler in seine Dienste.

So entstanden das Stadtschloß und der Lustgarten im holländischen Stil, ein Stadtkanal durchzog Potsdam nach Art der Amsterdamer Grachten – er wurde von der Dortu- und Yorckstraße bis zur Straße am Kanal erst zu DDR-Zeiten zugeschüttet. Ingenieure halfen auf dem Land bei der Entwässerung sumpfiger Luchgebiete, in Havelberg wurde eine Schiffswerft für Segler gegründet, in Berlin und Potsdam entstanden Fayencemanufakturen sowie eine Seiden- und Damastfabrik. Im 18. Jahrhundert griff der Soldatenkönig die holländische Tradition erneut auf, ließ sich sein Jagdschloß Stern im Stil eines Holländischen Bürgerhauses östlich von Potsdam erbauen.

Mit dem Bau des Holländerviertels beauftragte er Schiffsbaumeister Johann Boumann, den er mit einer Gruppe von Zimmerleuten und Maurern nach Potsdam geholt hatte. Die Kosten zahlte der König und so trieben die Handwerker Eichenpfähle in den sumpfigen Boden, um die Häuser zu gründen. Im Süden des Geländes, am heutigen Bassinplatz, legten sie ein Becken an. Dort lief das auf dem Bauareal abgezogene Wasser zusammen. Die Anlage wurde später als holländisches Bassin mit Steinen eingefaßt, mit einem Graben zum Heiligen See und einem Abzug zum Stadtkanal versehen. Schon nach wenigen Jahren war die erste Straße mit den holländischen Giebel- und Traufenhäusern fertig. Die roten Ziegelbauten waren einmalig für die überwiegend aus Fachwerkhäusern und verputzten Gebäuden bestehende Havelsiedlung.

Als Dank und Anreiz für viele weitere holländische Spezialisten gab der König 1738 den Handwerkern ihre Häuser für alle Zeiten zur freien Verfügung. Sie mußten auch keine Soldaten unterbringen. Die Verlockungen nutzten allerdings wenig: Vier Jahre später waren zwar alle 134 Häuser in den vier Karrees fertig, aber nur 22 von holländischen Familien bewohnt. Der Rest mußte mit Kolonisten aus der Schweiz und Frankreich sowie Soldaten belegt werden.

Touristische Tips

Am besten läßt sich das **Holländische Viertel** zwischen Friedrich-Ebert-, Gutenberg-, Hebbel- und Kurfürstenstraße zu Fuß erkunden. Es ist das einzige Quartier außerhalb der Niederlande in Europa. Im Anschluß daran stehen am **Bassinplatz** die unter Friedrich II. ab 1773 errichteten prachtvollen Häuser mit Muschelornamenten im holländischen Stil. In der Galerie Mittelstraße 3 informiert eine Ausstellung über die denkmalgerechte Sanierung des Holländischen Viertels. Infos über Führungen durch das Quartier erteilt **Potsdam-Information** in der Friedrich-Ebert-Straße 5 unter Tel.: 0331-291100.

Auch im **Neuen Garten** gibt es ein ab 1789 unter Friedrich Wilhelm II. errichtetes **Holländisches Etablissement** aus roten Backsteinhäusern mit geschwungenen Giebeln. Zwei kleine Portierhäuser am Parkeingang sowie eine Gruppe von Tor- und Dienerhäuschen mit Ställen und Remisen sowie einem Kavalliershaus stehen dort.

Zu besichtigen ist auch die von 1787 bis 1790 erbaute **Holländer-Mühle** neben **Schloß Sanssouci** (April – Oktober, Tel.: 0331-619038) sowie am Wochenende das **Jagdschloß Stern** in der Jagdhausstraße 32 (Mai – Oktober, Tel.: 0331-9694240).

Das Jagdschloß Stern

Der Park von Sanssouci, hinten das Neue Palais

Daten zur Geschichte

1712: Friedrich wird in Berlin geboren

1733: Heirat mit Elisabeth Christine von Braunschweig, mit der Friedrich aber nicht zusammenlebt

1734 bis 1740: Kronprinz Friedrich lebt in Schloß Rheinsberg mit einem Freundeskreis von Künstlern

1740: Friedrich Wilhelm I. stirbt, Friedrich II. wird Nachfolger

1740–42: Einmarsch in Schlesien; erster Schlesischer Krieg

1744–45: Einfall preußischer Truppen in Böhmen; zweiter Schlesischer Krieg

1745–47: Bau von Schloß Sanssouci

1750: Friedrich II. gründet die Weberkolonie in Nowawes

1755–1763: Bau der Bildergalerie neben Schloß Sanssouci

1756–1763: Dritter Schlesischer Krieg, der sogenannte Siebenjährige Krieg. Schlesien bleibt endgültig bei Preußen

1763–1769: Bau des Neuen Palais im Park Sanssouci. Das Schloß mit über 200 Räumen manifestiert Friedrichs Großmachtanspruch

1772: Erste Teilung Polens. Brandenburg erhält Westpreußen und den Netzedistrikt. Friedrich II. nennt sich nun König „von" und nicht mehr „in" Preußen

17.8.1786: Friedrich II. stirbt. Das Staatsgebiet ist von 119.000 (1740) auf 195.000 Quadratkilometer gewachsen, die Armee von 76.000 auf rund 180.000 Mann

Friedrich II. formt Brandenburg zur Großmacht Preußen

Unter Friedrich II. wurde aus Brandenburg die europäische Großmacht Preußen. Von seinem Vater, dem Soldatenkönig, übernahm er nicht nur eine der größten Armeen, sondern führte sie sogleich in die drei Schlesischen Kriege gegen Österreich. Das Staatsgebiet wurde beträchtlich ausgedehnt. Friedrich II. vertrat den aufgeklärten Absolutismus, prägte den Satz vom „König als erstem Diener des Staates". Er ließ sumpfige Gebiete meliorieren und Wasserstraßen wie den Finowkanal bauen. Manufakturen wurden gefördert und die Kurmark verdreifachte ihre Bevölkerungszahl im 18. Jahrhundert auf über 800.000. Friedrich der Große – den Beinamen erhielt er von Voltaire, während ihn das Volk später den Alten Fritz nannte – brachte Brandenburg auch eine große kulturelle Blüte, die sich bis heute am eindrucksvollsten in Sanssouci zeigt.

Kriege, Tafelrunden und die Sehnsucht nach Sanssouci

Krank und gebeugt verbrachte Friedrich der Große seine letzten Jahre in Sanssouci. Zum Schluß waren ihm im Rokoko-Schloß auf dem Potsdamer Weinberg nur noch die Bücher und seine Windhunde geblieben, neben denen er begraben liegen wollte und deren Liebster allabendlich in seinem Bett schlafen durfte. Wie ein Eremit lebte der König, zurückgezogen, bewacht von einer Handvoll Soldaten. Kein prächtiger Hofstaat, kein furchterregendes Leibregiment erinnerte daran, daß Friedrich II. inzwischen zu einem der fünf mächtigsten Herrscher in Europa zählte, er aus dem bescheidenen Brandenburg die Großmacht Preußen geformt hatte.

Denkmal des Großen Kurfürsten im Hof des Berliner Schlosses Charlottenburg

Zweimal war er mit seinen Truppen in Schlesien eingefallen und hatte Preußen im Dritten Schlesischen Krieg, dem Siebenjährigen Krieg, als neue Großmacht behauptet. Der Blutzoll war enorm. 12.000 seiner Soldaten opferte er 1758 im Kampf gegen ein russisches Heer auf dem Schlachtfeld bei Zorndorf. Insgesamt verlor Brandenburg während des Krieges 50.000 Einwohner. Der Alte Fritz, wie ihn die Märker nannten, war ein skrupelloser Feldherr und Machtpolitiker.

Im blauen Soldatenkittel steckte aber auch ein Mann, der gerne Flöte spielte und philosophierte, der dem kleinen Brandenburg eine große kulturelle Blüte bescherte. So ließ Friedrich II. Unter den Linden in Berlin das Opernhaus bauen und am Gendarmenmarkt das Schauspielhaus. Potsdam erhielt unter Friedrich dem Großen prächtige Bürgerhäuser, neue Plätze und prunkvolle Tore. Neben Schloß Sanssouci entstand die Bildergalerie, das älteste erhaltene Museum Deutschlands. Es ist mit feinem Marmor aus Siena, Tunesien und Griechenland ausgelegt. An den Wänden hängen Gemälde von van Dyck, Rubens und ein Caravaggio.

Über allem aber thronte das Schlößchen „Sanssouci". Der Name war Programm. Ohne Sorgen wollte Friedrich leben. Das war seine Sehnsucht, seit der Vater versucht hatte, ihm alle musischen und künstlerischen Neigungen mit Stumpf und Stiel auszutreiben. Der Soldatenkönig wollte den Sohn zum Soldaten drillen, ließ ihn um sechs Uhr morgens aufstehen, danach sieben Minuten fürs Frühstück, 23 für die Sonntagstoilette. Das Wecken soll nach einer Überlieferung jeden morgen per Kanonenschuß erfolgt sein. Friedrich lehnte das soldatische Leben immer mehr ab, spielte lieber Querflöte, las Bücher und bezeichnete die Uniform als „Sterbekittel". Er versuchte nach Frankreich zu flüchten, doch der Plan flog auf. Helfer Hans Hermann von Katte wurde vor Friedrichs Augen hingerichtet. Der Kronprinz wanderte knapp ein Jahr in Festungshaft nach Küstrin, beugte sich dann dem Willen seines Vaters. Als König wich er dann kein Jota vom spartanisch strengen Regime des Vaters ab. Nur wenige Monate

Das chinesische Teehaus im Park von Sanssouci

Sanft schmiegt sich Schloß Sanssouci auf den Weinberg in Potsdam

Der lange Weg in die Gruft

„Man bestatte mich in Sanssouci auf der Höhe der Terrassen in einer Gruft, die ich mir habe herrichten lassen…", verfügte Friedrich II. in seinem Testament. Daraus wurde aber erstmals nichts, zunächst bestattete man seine Überreste in der Garnisonkirche neben dem ungeliebten Vater. Im Zweiten Weltkrieg kam der Sarg dann zur Sicherheit ins Kalibergwerk Bernterode, dann in die Marburger Elisabethkirche und schließlich in die Christuskapelle der Hohenzollernburg Hechingen. Dort würde er ohne Wiedervereinigung noch heute liegen. So erhielt er aber am 17. August 1991 endlich den gewünschten Platz in der Sanssouci-Gruft neben den Gräbern seiner elf Hunde. Der Wunsch nach einer Bestattung ohne feierlichen Pomp ging freilich auch im 20. Jahrhundert nicht in Erfüllung: Selbst Bundeskanzler Helmut Kohl ließ sich die Umbettung nicht entgehen, die Bundeswehr hielt Ehrenwache und im Neuen Palais gab es einen Empfang des Landes Brandenburg.

Legende vom Müller von Sanssouci

Friedrich der Große ließ Sanssouci erbauen, um dort ungestört regieren, philosophieren und musizieren zu können. Dabei störte ihn nur das Geklapper der nahegelegenen Mühle, die er dem Müller abkaufen wollte. Der aber schlug alle Angebote aus. Da drohte Friedrich, er könne ihm die Mühle kraft seiner königlichen Macht auch ohne einen Groschen wegnehmen. Unerschrocken erwiderte der Müller: „Gewiß, Euer Majestät, wenn es, mit Verlaub, nicht das Kammergericht in Berlin gäbe." Soweit die Legende, die folgenden realen Hintergrund hat: Friedrich II. ließ 1778 seinen Großkanzler und einen Landrat absetzen sowie drei Kammergerichtsräte verhaften, weil sie der Klage eines Müllers nicht stattgegeben hatten, dessen Mühle vom Eigentümer verpfändet worden war. Friedrich empfand das Urteil des Berliner Kammergerichts als ungerecht, ließ es aufheben und gab dem Müller die Mühle zurück. Er sagte: „Wenn die Justiz Ungerechtigkeiten tut ist sie schlimmer wie Straßenräuber, ein Müller ist ein Mensch eben so gut wie ich bin."

Touristische Tips

Das Besucherzentrum **Sanssouci** (Tel.: 0331-9694202 oder 9694203) befindet sich an der Historischen Mühle neben Friedrichs Schloß. Dort sind alle Informationen über Führungen durch Schloß Sanssouci, die Bildergalerie und das **Neue Palais** erhältlich. Es empfiehlt sich auf jeden Fall ein Spaziergang durch den 293 Hektar großen Park. Interessant ist am Wochenende auch ein Besuch des in Form einer **Moschee** errichteten Dampfmaschinenhauses an der Breiten Straße. Von dort aus wird das Wasser aus der Havel in ein Bassin auf den **Ruinenberg** hinter Schloß Sanssouci gepumpt, um so die Parkanlagen zu bewässern und die Fontänen zu speisen. Friedrich dem Großen blieb dieser Anblick zeitlebens versagt, da das Gefälle vom Ruinenberg aus nicht zum Betreiben der Fontänen ausreichte.

Inmitten von Wäldern und Seen der Ruppiner Schweiz liegt **Schloß Rheinsberg**, wo Friedrich II. ab 1736 als Kronprinz lebte und seine glücklichste Zeit verbrachte. Es war eine Zeit ohne Sorgen, sein Sanssouci, wie er sagte. Ein Besuch im Schloßmuseum (Tel.: 033931-2105) lohnt nicht nur wegen des herrlichen Blicks über den See.

Mitten in der Moschee verbirgt sich ein Pumpwerk

nach der Besteigung des Throns marschiert er schon in Schlesien ein. Auf seinem Schimmel führte Friedrich die Armee selber an, ohne Troß teilte er das Leben seiner Soldaten auch im Zweiten Schlesischen Krieg. Unmittelbar danach begann der Bau von Schloß Sanssouci.

Nach eigenhändigen Skizzen mußte ihm Georg Wenzeslaus von Knobelsdorff den ungewöhnlichen Königssitz erbauen. Sogar die Abfolge der zwölf Räume sowie die Höhe der Fenster legte Friedrich fest. Einwände des Baumeisters, das Schloß brauche einen Keller und müsse an den Rand der Weinberge gerückt werden, wischte der König beiseite. Er wollte ein Schloß nach seinem Geschmack, den Privatsitz eines kunstsinnigen Eremiten.

Nur eine Handvoll Wachen gab es in Sanssouci. Friedrich liebte entgegen der Legende das Klappern der benachbarten Windmühle und allabendlich von sieben bis neun Uhr wurde musiziert. Der König blies auf der Querflöte auch eigene Kompositionen. Johann Sebastian Bach komponierte nach einem von Friedrich vorgegebenen Thema das Werk „Musikalisches Opfer“ und auch Casanova sprach damals bei ihm vor. Höhepunkt des höfischen Lebens aber waren die ausgelassenen Tafelrunden im Marmorsaal von Sanssouci. Nur Männer hatten dort Zutritt und knapp drei Jahre lang war Voltaire der gefeierte Gast.

Friedrich hatte mit dem französischen Philosoph der Aufklärung bereits seit seiner Zeit in Rheinsberg korrespondiert und ihn 1750 an seinen Hof gerufen. Voltaire nannte den Herrscher „Salomo des Nordens“, korrigierte dessen französische Dichtung und Prosa. Er bezog vom König 5.000 Taler pro Jahr nebst freier Unterkunft und Equipage. Das Ganze nahm dann aber nach drei Jahren ein unrühmliches Ende: Voltaire betrieb verbotene Spekulationen mit sächsischen Steuerscheinen, mußte vor Gericht und zog sich dann auch noch mit öffentlicher Kritik am Berliner Akademiepräsidenten den Zorn Friedrichs zu.

Als der Philosoph dann abreiste, ohne Kammerherrenschlüssel, Ordenskreuz Pour Le Mérite sowie einen Gedichtband des Königs zurückzugeben, platzte Friedrich der Kragen. Er schickte ihm Soldaten hinterher, die Voltaire im „Goldenen Löwen“ zu Frankfurt am Main stellten. Sie durchsuchten sein Gepäck und nahmen ihm die Sachen wieder ab. Erst nach 17 Tagen durfte Voltaire weiterreisen. Obwohl er mit dem König später die Korrespondenz wieder aufnahm, kehrte der Philosoph nie mehr nach Sanssouci zurück. Die Begegnung von Geist und Macht war gescheitert.

Friedrich der Große befiehlt: Leinen los am Finowkanal

Havel und Spree, Oder und Elbe sind die natürlichen Handelswege Brandenburgs. Schiffe befördern auf den Flüssen Waren und Rohstoffe an die Seehäfen und zurück in die Mark. Seit dem 18. Jahrhundert nahm dieser Handel einen großen Aufschwung. Die Grundlage dafür legte Friedrich der Große mit dem Bau von drei wichtigen Kanälen. Besonders bedeutsam wurde der über 41 Kilometer lange Finowkanal. Zwischen Liebenwalde und Schöpfurth verband er die Havel mit der Oder. Berlin erhielt damit schnellen Zugang zum Seehafen Stettin und in die östlichen Provinzen Preußens, nach Polen und Schlesien.

1743 hatte Friedrich II. den Kanalbau beschlossen, kurz danach zur Beschleunigung des Projekts 600 Soldaten abkommandiert. Bereits drei Jahre später war der bis zu 22 Meter breite Wasserweg fertig, mehrere tausend Eichen verbaut. 15 Schleusen überbrückten das Gefälle von 40 Metern. Die Kosten von rund 280.000 Talern hatten sich gelohnt: Der Handelsweg von Berlin nach Stettin verkürzte sich um 48 Meilen, 1749 befuhren bereits über 1.000 Kähne mit Holz, Getreide und Kaufmannsgut den Kanal. Ende des 18. Jahrhunderts waren es schon viermal so viele.

Besonders profitiert hat die Stadt Eberswalde, das „märkische Wuppertal". Das Wasser der Finow trieb Eisen- und Kupferhämmer an, die Schleifmühlen einer Stahlfabrik sowie die Maschinen im Messingwerk. Über den Finowkanal brachten Schiffe den aufblühenden Industriezweigen Rohstoffe und transportierten die fertigen Produkte ab. So wurden Ende des 19. Jahrhunderts jährlich 20.000 Schiffe bei Eberswalde über den Kanal geschleust. Ein Großteil fuhr nach Berlin, dessen Ausbau zur Reichshauptstadt ohne den Finowkanal kaum möglich gewesen wäre.

Daten zur Geschichte

1603: Kurfürst Joachim Friedrich befiehlt den Bau des ersten Finowkanals. Verfall durch den Dreißigjährigen Krieg

1743–1746: Neubau des Finowkanals

1745: Fertigstellung des Plauer Kanals, der Havel und Elbe verbindet

1774: Fertigstellung des Bromberger Kanal, der Oder und Weichsel verbindet

1906–1914: Bau eines neuen Oder-Havel-kanals als Großschiffahrtsweg. Finowkanal verliert an Bedeutung, Frachtverkehr wird ab 1972 eingestellt. Wegen baufälliger Schleusen ist er seit 1992 nicht mehr durchgängig befahrbar

Information

Fremdenverkehrsinformation Eberswalde im Pavillon am Markt unter 03334-23168

Touristische Tips

Fahrten über den Finowkanal bietet die Fahrgastschiffahrt Neumann (Tel.: 03334-24405) von Eberswalde aus an. Es gibt auch Touren durch das 1934 erbaute **Schiffshebewerk Niederfinow**, das mit 60 Metern Höhe einer der größten Fahrstühle für Schiffe in Europa ist. Über die Geschichte und industrielle Entwicklung von Eberswalde informiert das Heimatmuseum, Kirchstraße 8, Tel.: 03334-212325.

Das Schiffshebewerk am Finowkanal bei Eberswalde

Das Hebewerk ist ein technisches Denkmal

Daten zur Geschichte

1747–1753: Bau des Oderkanals von Güstebiese bis Hohensaaten und Trockenlegung des Oderbruchs

1763–1769: Friedrich II. läßt das Netze- und Warthebruch regulieren. 15.000 Neusiedler werden in 152 Dörfern angesiedelt. Auch das Rhin- und Dossebruch werden kolonisiert

1770/1785: Erneut schwere Überschwemmungen im Oderbruch

bis 1859: Abdämmung der Oder bei Güstebiese, Ausbau des Deichs zwischen Lebus und Neuglietzen. Lückenschließung des Deichs bei Hohensaaten

Kolonistenhäuser in Neulietzegöricke östlich von Bad Freienwalde

Im Frieden gewonnen – das Oderbruch wird entwässert

Riesige Sümpfe voller Eichen und Erlenbüsche zogen sich zu beiden Seiten der Oder hin, jedes Frühjahr und im Sommer verwandelte sich der Landstrich durch Überschwemmungen in ein riesiges Seengebiet. Weite Teile des Oderbruchs waren menschenleer, nur im etwas höher gelegenen Gelände siedelten einige Fischer. Das änderte sich erst, als Friedrich der Große das Gebiet ab 1747 trocken legen ließ. Dämme wurden gebaut, Entwässerungsgräben gezogen und danach Kolonisten angesiedelt.

Sechs Jahre lang dauerte das Projekt und selbst der bedeutende Mathematiker Euler hatte den Plan von Wasserbaumeister Simon Leonhard von Haerlem vorher eingehend geprüft. Zunächst faßten Arbeiter das Flußbett der Oder zwischen Güstebieser Loose und Hohensaaten mit über fünf Meter hohen Deichen ein und verkürzten den Oderlauf um 25 Kilometer. Mit Abzugsgräben wurden dann die Sümpfe entwässert und ab 1753 Pfälzer, Schwaben und Polen, Westfalen, Mecklenburger und Österreicher angesiedelt.

So sind Neubarnim oder Neutrebbin als Pfälzerkolonien entstanden, Neulewin wurde durch Polen und Böhmen besiedelt. Die Kolonisten erhielten 20 Morgen erblichen Besitz, mußten nur eine Geldrente zahlen und waren von Frondiensten befreit. Sie durften auch nicht mit Gewalt zum Militär eingezogen werden.

Bauunternehmer errichteten für die Siedler kostensparende und staatlich reglementierte Typenhäuser. Sie legten die Straßendörfer mit einem Schachtgraben in der Mitte und Gebäuden auf beiden Seiten planmäßig an. Rohrgedeckte Wohnstallhäuser aus Fachwerk und einstöckige Doppelhäuser entstanden. Sie hatten Kachelöfen sowie eine schwarze Küche mit Feuerstelle und großem Schornstein. Dort konnten Speck, Würste und Schinken von mehreren Schweinen zum Räuchern aufgehängt werden. Nach ihrem Einzug machten die Siedler das ehemalige Sumpfgebiet schnell urbar, bauten Gemüse an und trieben ihr Vieh auf die Weiden.

Die Fischer als Ureinwohner des Oderbruchs waren davon freilich überhaupt nicht begeistert. Mit der Trockenlegung war schließlich auch ein Teil ihrer Erwerbsgrundlage verschwunden. So hatten sie mit allen Mitteln versucht, das Projekt zu behindern und nachts immer wieder die neuen Oderdämme durchstochen. Friedrich der Große mußte dagegen am 28.6.1754 ein Edikt erlassen und drohte den Fischern zehn Jahre Festungshaft an, unter bestimmten Umständen sogar die Todesstrafe. Der Widerstand gegen die Entwässerung des Bruchgebietes und die neuen Siedler ließ allmählich nach.

Insgesamt wurden damals im Oderbruch 32.500 Hektar Neuland gewonnen, 7.000 Bauern und Wollspinner in etwa 50 Kolonien angesiedelt. In Orten wie Neulietzegöricke sind die ebenerdigen Kolonistenhäuser bis heute zu sehen.

Friedrich der Große, der mit der Besiedlung auch die großen Bevölkerungsverluste des Zweiten Schlesischen Krieges ausgleichen wollte, konnte am Ende zufrieden sagen: „Ich habe eine Provinz gewonnen.“ Noch dazu sehr preiswert: Nur 600.000 Taler kostete das Projekt, der Siebenjährige Krieg verschlang dagegen 139 Millionen Taler.

Typische Landschaft im Oderbruch

Information

Touristeninformation der Kurverwaltung von Bad Freienwalde, Karl-Marx-Straße 25, Tel.: 03344-3402

Touristische Tips

Das **Oderlandmuseum** in **Bad Freienwalde**, Uchtenhagenstraße 2 (Tel.: 03344-2056) dokumentiert die Trockenlegung des Oderbruchs und informiert über die Stadtgeschichte. Im Schloß (Tel.: 03344-3407) des Industriellen und späteren Außenministers der Weimarer Republik, Walter Rathenau, ist eine Ausstellung zu seinem Leben zu sehen. Das etwa vier Kilometer entfernte **Freilichtmuseum Altranft** (Tel.: 03344-5944) zeigt vom Fischerhaus bis zur Schmiede und dem Schloß die typische Struktur eines Gutsbauerndorfes im Oderbruch.
Einen Abstecher lohnt das von Schinkel umgestaltete **Schloß Neuhardenberg** mit Parkanlagen von Lenné und Pückler. Der gleichnamige Ort liegt etwa 27 Kilometer südlich von Bad Freienwalde.

Wegbeschreibung

Der Oderbruch zieht sich längs der polnischen Grenze zwischen Frankfurt (Oder) und Bad Freienwalde hin. Bad Freienwalde erreicht man von Berlin aus am besten über die B 158. Die östlich gelegenen Orte Neurüdnitz und Neulietzegöricke sind nur über Landstraße zu erreichen

Militärwaisenhaus: Von der Fürsorge zur Kinderarbeit

Die Zimmer im Waisenhaus waren hoffnungslos überfüllt, viele Kinder litten an Krankheiten und tagsüber mußten sie auch noch als billige Arbeitskräfte bis zu zehn Stunden in den Manufakturen schuften. Dabei hatte im Großen Militär-Waisenhaus alles ganz anders begonnen. Der Soldatenkönig gründete das Haus als karitative Einrichtung zur Versorgung,

Die Front des Militärwaisenhauses in der Lindenstraße

Daten zur Geschichte

1722–1724: Friedrich Wilhelm I. läßt das Waisenhaus erbauen

1771–1778: Der Gebäudekomplex zwischen Breite-, Linden-, Sporn- und Dortustraße wird von Karl von Gontard neu errichtet. Auf dem Giebel entsteht ein Belvedere mit einer Caritas-Figur, Symbol der Nächstenliebe und Fürsorge. Der kleine Rundtempel brannte 1945 ab

Wandel des Waisenhauses

Der Gesundheitszustand vieler Kinder im Waisenhaus ließ gegen Ende des 18. Jahrhunderts einen gewinnbringenden Einsatz immer weniger zu und so fand in den letzten beiden Jahrzehnten die Kritik an den Zuständen wachsendes Gehör. Der Aufklärungsgedanke, das Bildung eine zentrale Rolle für den Fortschritt spiele, setzte sich durch. 1795 wurden schließlich die letzten Lohnarbeitskontrakte des Waisenhauses gekündigt, die Zahl der untergebrachten Kinder halbiert. Das Waisenhaus wandelte sich in eine Erziehungsanstalt für die zukünftigen Soldaten des Landes. Bis 1918 blieb die Militärschule bestehen. Nach dem Zweiten Weltkrieg wurde das Haus als Erziehungsanstalt genutzt, die Opfer der „militaristischen Politik des deutschen Imperialismus“ interniert und im „antifaschistisch-demokratischen Geist“ erzogen. In den 50er Jahren zog dann das Institut für Lehrerbildung ein und ab 1980 diente das Gebäude als Haus der Gewerkschaften.

Erziehung und Ausbildung der Waisen. Unter Friedrich dem Großen trat jedoch ab 1750 die wirtschaftliche Ausbeutung der Kinder in den Vordergrund. Auch die prächtige Fassade des Komplexes zwischen Breite-, Linden-, Dortu- und Spornstraße konnte die dunkle Kehrseite des damaligen Militärstaates kaum verdecken.

Mit dem schnellen Aufbau eines stehenden Heeres waren zu Beginn des 18. Jahrhunderts auch die sozialen Probleme gewachsen. Soldaten mit ihren Familien stellten 40 bis 50 Prozent der Potsdamer Einwohnerschaft. Viele Männer verdienten zu wenig, um Frau und Kinder ernähren zu können. So wuchs die Zahl verwahrloster Jungen und Mädchen, die hungernd und bettelnd durch die Brandenburger Städte zogen, sich oft genug ihre Nahrung stehlen mußten.

Nach einem Besuch der Franckeschen Stiftungen in Halle gründete schließlich der Soldatenkönig Friedrich Wilhelm I. 1722 das Große Militär-Waisenhaus in Potsdam – eine der ersten karitativen Einrichtungen dieser Art. Am 1. November 1724 kamen aus Berlin, Spandau und Potsdam die ersten 176 Kinder. Das Haus stand den Söhnen und Töchtern von Soldaten offen, die kein Geld für deren Lebensunterhalt hatten. Die sechs bis 14 Jahre alten Kinder erhielten im Waisenhaus Unterricht im Rechnen, Schreiben und Religion. Außerdem bekamen sie eine Ausbildung bei Handwerkern, Spinnern und Webern.

Mit Zucht und Ordnung sollten sie zu geregelter Arbeit erzogen werden, dem Staat nutzen und später auch als militärischer Nachwuchs zur Verfügung stehen. Das Waisenhaus an zentraler Stelle in der Stadt sollte aber auch den Bewohnern die Fürsorge des Staates verdeutlichen und Soldaten von der damals häufigen Desertion abhalten.

Unter Friedrich dem Großen änderte sich der Charakter des Hauses. In dem Gebäude hausten 1779 über 2.000 Kinder, schufteten tagsüber in Strickereien, Spinnereien und den Maulbeerplantagen. In der Mädchenabteilung richteten Unternehmer Arbeitssäle ein, von den zwölf wöchentlichen Schulstunden wurden 1769 acht der Arbeit zugeschlagen.

Alle Kinder mußten nun den Bedarf an un- und angelernten Arbeitskräften vor allem für die Textilindustrie befriedigen. Die Gesundheit vieler Waisen wurde immer schlechter. Sie erhielten kein frisches Obst, Milchprodukte oder Salat. Morgens gab es trockenes Brot und Salz, nur zweimal pro Woche eine Fleischration und abends meist eintönige Gerstengrütze oder Hirsebrei.

Zu Kriegszeiten wurden außerdem noch die Rationen gekürzt. Als Folge litten viele Kinder unter Mangelernährung, Krätze und Skorbut, Knochenfraß und chronischen Augenentzündungen. Bis zu 300 Jungen und Mädchen starben pro Jahr, zehn bis 15 Prozent waren ständig krank. Trotzdem wurden sie in den Manufakturen als billige Arbeitskräfte ausgenutzt. Noch schlimmer erging es oft den etwa 100 bis 500 Knaben, die ab 1763 aufs Land geschickt wurden. Dort mußten sie bei den Bauern häufig bis zur körperlichen Erschöpfung arbeiten. Bei der späteren Musterung konnte in einigen Fällen nur noch festgestellt werden, daß sie wegen erlittener körperlicher Beschädigung nicht eingestellt werden konnten oder überhaupt verschollen waren.

Touristische Tips

Vom **Waisenhaus** zwischen Dortu- und Lindenstraße lohnt ein Abstecher zum nahe gelegenen **Neuen Markt**, der bereits 1683 angelegt wurde. Obwohl viele Häuser baufällig sind und leer stehen ist der Neue Markt eine der stimmungsvollsten Ecken Potsdams. Der kleine Bau in der Mitte war ab 1875 die Städtische Ratswaage, der Kutschstall wurde 1787 mit einem großen Pferdemonument über dem Portal erbaut und das Gebäude am Neuen Markt 1 war früher das Palais des Kronprinzen Friedrich Wilhelm II.

Seitenansicht des Militärwaisenhauses

Zum Waisenhaus zwischen Dortu- und Lindenstraße gelangt man am besten zu Fuß über die Breite Straße oder von Norden über die Charlottenstraße

Daten zur Geschichte

1806: Niederlage Preußens bei Jena und Auerstedt, französische Truppen besetzen die Mark

1807: Frieden zu Tilsit; Preußen verliert die Niederlausitz, Altmark sowie Gebiete zwischen Elbe und Rhein

1813: Sieg über Napoleon in Großbeeren, Hagelberg und Dennewitz sowie in der Völkerschlacht zu Leipzig

1815: Nach dem Wiener Kongreß fällt die Niederlausitz an Brandenburg, das nun eine von zehn preußischen Provinzen mit den Regierungsbezirken Potsdam und Frankfurt (Oder) wird. Es hat 39.000 Quadratkilometer Fläche und rund 1,5 Millionen Einwohner (1828)

1819: Verhaftungswelle gegen Repräsentanten nationaler Unabhängigkeitsbewegungen von 1813

1826: Zum Zeichen der Freundschaft zwischen Romanows und Hohenzollern wird nach dem Tod von Zar Alexander die Alexandrowka gegründet

1827: Bezug der Siedlung

Stein und Hardenberg

„Majestät", so Staatskanzler Karl August von Hardenberg zu seinem König, „wir müssen dasselbe von oben her machen, was die Franzosen von unten her gemacht haben." Hardenberg konnte dann unter dem Druck der Besatzung und den Auswirkungen der Französischen Revolution zusammen mit Freiherr vom und zum Stein 1807 beginnen, die feudale Gesellschaft bürgerlich umzugestalten. Sie führten die Gewerbefreiheit ein, die Selbstverwaltung der Städte und das an Vermögen gebundene Wahlrecht. Preußen wird in zehn Provinzen eingeteilt. Beschränkungen der Freizügigkeit werden aufgehoben, der Loskauf der Bauern von feudalen Leistungen ermöglicht und der Weg zu vollem bäuerlichen Eigentum geebnet. Schlußstein der Reformen sollte eine Verfassung sein. Dazu kam es nicht mehr. Nach dem Sieg über Napoleon drehte der König die Reformen wieder zurück. Die Universitäten wurden überwacht, die Zensur verschärft, liberale und patriotische Bürger entlassen, bespitzelt oder in den Kerker geworfen.

Aufbruch in die bürgerliche Gesellschaft

Das 19. Jahrhundert stand im Zeichen der bürgerlichen Umgestaltung Brandenburgs. Es begann mit der Besetzung des Landes durch Napoleons Truppen. Während dieser Zeit schufen die Reformen durch vom Stein und Hardenberg wichtige Voraussetzungen für die spätere Industrialisierung. Sie führten den erleichterten Besitz, Gewerbefreiheit und die bürgerliche Selbstverwaltung der Städte ein, trieben die Befreiung der Bauern aus feudalen Abhängigkeiten voran. Nachdem die Mark sich in den von nationaler Begeisterung getragenen Schlachten bei Großbeeren, Hagelberg und Dennewitz von den französischen Truppen befreit hatte, begann die Restauration. Politische Forderungen nach einem Nationalstaat, Verfassung und bürgerlichen Rechten blieben unerfüllt, der König brach sein Verfassungsversprechen. Trotzdem erlebte Brandenburg eine geistige Blüte: Schinkel stieg zum bedeutendsten Baumeister des deutschen Klassizismus auf, Lenné und Pückler schufen faszinierende Parklandschaften und die Berliner Uni entwickelte sich zur führenden Europas. Dagegen wurde für die Bevölkerung das alltägliche Leben zunehmend schwieriger. Niedrige Löhne, teilweise katastrophale Wohnverhältnisse und Wirtschaftskrisen im Zuge der beginnenden Industrialisierung bildeten zusammen mit unerfüllten bürgerlichen Rechten eine der Voraussetzungen für die Revolution von 1848. Die Unruhen wurden zwar niedergeschlagen, der König mußte dem Land aber danach eine Verfassung geben und das Dreiklassenwahlrecht einführen, das jedoch große Teile der Bevölkerung weiter von der Mitbestimmung ausschloß.

Zum Singen gezwungen – Russen in der Alexandrowka

Im Schatten alter Eichen und Linden steht am Fuße des Pfingstberges die Alexander-Newski-Kapelle mit fünf Zwiebeltürmen. Zu ihren Füßen liegen 13 dunkle Holzhäuser, die den melancholischen Charme russischer Dörfer verströmen. König Friedrich Wilhelm III. ließ die Blockhausidylle nach dem Sieg über Napoleon für russische Sänger bauen, zum Zeichen der Freundschaft mit dem Hause Romanow. Die Siedlung wurde nach Bauplänen von Militärdörfern angelegt, wie es sie damals zu hunderten in Rußland gab. Dort sind sie heute verschwunden, die Potsdamer Alexandrowka stellt ein europaweit einzigartiges Bauensemble dar. Und ein Beispiel dafür, wie zu Beginn des 19. Jahrhunderts mal eben mehrere Dutzend leibeigene Soldaten vom Zaren an den preußischen König verschenkt wurden.

Die Vorgeschichte der von Heimweh geplagten Sänger begann mit Napoleons Besetzung der Mark. Der König hatte Teile seines Landes verloren, ein preußisches Hilfscorps mußte mit Napoleons Armee gegen Rußland kämpfen. Von einem Feldzug kehrten die Truppen 1812 mit 500 russischen Kriegsgefangenen zurück. Friedrich Wilhelm, der schwermütige

russische Lieder liebte, ließ 62 Sänger auswählen. Sie wurden kurzerhand in preußische Uniformen gesteckt, mußten nun marschieren, kämpfen und zur Truppenunterhaltung singen.
Ihre Hoffnung auf Heimkehr zerschlug sich endgültig nach den Befreiungskriegen. Beim Rückzug der Franzosen aus Rußland kam es in der Mark zur rebellierenden Volksbewegung gegen Napoleon. Dies zwang den König, im Bündnis mit Rußland gegen den Eroberer anzutreten. Mit nationaler Begeisterung trieben Handwerker, Arbeiter und Bauern die zahlenmäßig überlegenen Truppen aus dem Land. Die russischen Sänger aber mußten bleiben. Zar Alexander hatte sie nach gemeinsamen Kampf großzügig an seinen Herrscherkollegen in Potsdam verschenkt.
Von den ehemals 62 Soldaten starben viele, nur zwölf Sänger blieben übrig. Für sie ließ Friedrich Wilhelm 1826 in absolutistischer Manier die Kolonie Alexandrowka errichten. Gartendirektor Peter Joseph Lenné, entwarf ein Alleensystem im Grundriß eines Andreaskreuzes, Schinkel die Alexander-Newski-Kapelle am Kapellenberg. Hauptmann Snethlage führte den Bau der Siedlung straff organisiert durch. 13 Blockhäuser und eines für den Kirchenältesten entstanden wegen Kostengründen aus gemauertem Fachwerk, nur die Fassaden wurden mit Holz verkleidet.

Die Alexander-Newski-Kapelle

Dann zogen die Sänger Alexejeff, Fokin, Gawriloff, Iwanoff, Sergejeff, Timofjeff, Uschakoff, Wawiloff, Wolgin, Jablokoff, Grigorieff und Schischkoff ein. Jeder erhielt ein Haus mit Garten und Stallgebäude sowie eine Milchkuh. Vom Spinnrad bis zum Kinderbettchen wurde auch die Einrichtung gestellt. Als Aufpasser der russischen Soldaten bezog ein preußischer Feldwebel in der Mitte der Siedlung ein Holzhaus. Die Sänger mußten nun Garnisonsdienst verrichten, Chorproben absolvieren und außerdem auch noch verheiratet sein. Nur männliche Nachkommen durften das Anwesen erben. So soll bei jeder Geburt ein Beamter kontrolliert haben, ob auch alles mit rechten Dingen zuging.
Einige Nachfahren der ersten Bewohner leben übrigens bis heute in den Blockhäusern. Schwarze Namenstafeln unter den Giebeln nennen verstorbene, weiße die lebenden Bewohner. So steht etwa unter dem kyrillischen Namen des Sängers Ivan Grigorieff der seines heute noch im Haus wohnenden Nachkommens Joachim Grigorieff.

Touristische Tips

Von der **Alexandrowka** an der Potsdamer Puschkinallee führt ein schöner Weg an der Kapelle – dort finden heute noch russische Gottesdienste statt – zum **alten jüdischen Friedhof** und auf den **Pfingstberg** mit dem **Belvedere und Schinkels Pomonatempel**. Über den Neuen Garten mit Schloß Cecilienhof kommt man dann wieder zur Alexandrowka zurück.

Ein weiteres **russisches Blockhaus** sowie die wunderbar gelegene **Kirche St. Peter und Paul** kann man auf **Nikolskoe** (dem Nikolaus zu eigen) nahe des **Parks Klein-Glienicke** besichtigen. Das Haus wurde 1819 erbaut, nachdem König Friedrich Wilhelm III. seine mit Zar Nikolaus I. verheiratete Tochter Charlotte in einem St. Petersburger Bauernhaus besucht hatte.

Das Detail am Eingang der Kapelle zeigt Alexander Newski

Schinkel-Denkmal in Neuruppin

Meisterbauwerke: Schinkel prägt das Zentrum der Mark

Gerade mal 19 Jahre war Karl Friedrich Schinkel alt, als er sein erstes eigenständiges Bauwerk ausführte. Ein kleiner Tempel zu Ehren Pomonas zwar nur, doch der Pavillon auf dem Potsdamer Pfingstberg zeigte bereits Schinkels frühe Meisterschaft. In den kommenden Jahrzehnten stieg der Sohn eines Neuruppiner Pastors zum bedeutendsten Baumeister Preußens auf und prägte mit seinen klassizistischen Bauten bis heute das märkische Gesicht in Potsdam und Berlin – von Schloß Charlottenhof bis zum Schauspielhaus.

Schinkel war zwar auch in der Lausitz (Straupitzer Kirche) und im Oderbruch (Schloß Neuhardenberg) tätig, seine größte Wirksamkeit entfaltete er aber im Zentrum Brandenburgs. Trotz reaktionärer Politik und großer sozialer Spannungen erlebte vor allem Berlin eine einzigartige geistige

Der Pomonatempel auf dem Potsdamer Pfingstberg

Blüte. An der 1810 gegründeten Uni lehrten Fichte, Schelling und Hegel. Mendelssohn Bartholdy oder Giacomo Meyerbeer prägten das Musikleben, Adolph Menzel die Malerei und literarische Kreise wie der Bettina von Arnims erreichten Berühmtheit. Einen Großteil der künstlerischen Ausstrahlung verdankte diese Zeit aber dem vom König mit Aufträgen geförderten Karl Friedrich Schinkel.

Als zweites von fünf Kindern wurde er am 13. März 1781 in Neuruppin geboren. Sein Vater war Superintendent, die Mutter kam aus einer Kaufmannsfamilie. Schinkels Geburtshaus fiel dem Stadtbrand zum Opfer, sein Vater starb nach den Löscharbeiten am Herzschlag. Karl Friedrich zog mit der Mutter in das noch bestehende Predigerwitwenhaus, ging ins Gymnasium. Später studierte er an der Berliner Bauakademie und reiste

Daten zur Geschichte

13.3.1781: Schinkel wird in Neuruppin geboren

1794: Umzug nach Berlin

1799–1800: Studium an der Berliner Bau-Unterrichts Anstalt

1800: Bau des Pomonatempels am Pfingstberg

1803–1805: Bildungsreise nach Italien

1809: Heirat mit Susanne Berger, Kaufmannstochter aus Stettin

1810: Beamtenlaufbahn als Geheimer Oberbau Assessor in der technischen Oberbaudirektion

1818–21: Bau des Schauspielhauses

1824: Italienreise

1826: Frankreich und Englandreise

1825–1830: Bau Altes Museum

1826–1829: Umbau eines Landhauses zu Schloß Charlottenhof in Potsdam

1824–1830: Bau der Friedrichswerderschen Kirche; Umbau Gutshaus Klein-Glienicke zur klassizistischen Villa

1830: Berufung zum Geheimen Oberbaudirektor und Direktor der Oberbaudeputation. Er überprüft nun alle staatlichen Bauvorhaben

ab 1834/35: Bau von Schloß Babelsberg und der Bauakademie

9. Oktober 1841: Schinkel stirbt

nach Italien. In der klassischen Baukunst der Antike sah er die Welt der Harmonie von Kunst und Natur. Auch die gotischen Kathedralen in Prag, Wien oder Mailand zogen ihn stark an. Nach der Rückkehr konnte er vorerst seine Ideen und Entwürfe nicht umsetzen, das Land lag nach der napoleonischen Besatzung darnieder, die Wirtschaft stagnierte. Schinkel malte Panoramen, entwarf Dekorationen für Theater und Oper.

Ab 1816 wurde er dann auch als Architekt gefordert: Ein Bauboom setzte ein, Schinkel erhielt Aufträge zur Gestaltung der Neuen Wache Unter den Linden in Berlin sowie den Neubau des Schauspielhauses am Gendarmenmarkt. Der Architekt stieg nun zum gefragtesten Baumeister des Landes auf. Ab 1830 wanderten alle offiziellen Bauvorhaben Preußens über seinen Schreibtisch. In einigen Projekten kündigten sich bereits die Ideen des bürgerlichen Zeitalters an.

So entstand entsprechend dem Bildungs- und Geschichtsbewußtsein der Zeit das Alte Museum, in dem die verschiedenen Kunstsammlungen nach Kulturepochen systematisch aufeinander bezogen und ausgestellt wurden. Schinkel errichtete das Berliner Bauwerk nach einem Studium der

Das Schauspielhaus am Berliner Gendarmenmarkt

Museen in Paris und London. Auch seine Gedanken zur Denkmalpflege waren kennzeichnend für die neue Epoche. Bereits 1815 forderte er den Erhalt der Baudenkmäler und setzte die Restaurierung der Marienkirche in Frankfurt (Oder) sowie der Ruine des Klosters Chorin durch.

Am Ende von Schinkels Lebens standen über 50 geschaffene Bauwerke. Ohne Rücksicht auf Körper und Gesundheit hatte er sein Talent ausgebeutet und wie besessen gearbeitet. Nicht nur als Baumeister. Er entwarf auch Möbel und Denkmäler, Vasen und Kandelaber. Über 40 Bühnenbilder und Dekorationen stammen von ihm. Schließlich mußte der Künstler seinem rastlosen Schaffen Tribut zollen. Am 9. September 1840 erlitt er in seiner Berliner Wohnung einen Schlaganfall. Schinkel sank 13 Monate in tiefe Bewußtlosigkeit, aus der er nicht mehr erwachte.

Schinkel über Architektur

„Der Architekt ist seinem Begriff nach der Veredler aller menschlichen Verhältnisse, er muß in seinem Wirkungskreise die gesamte schöne Kunst umfassen. Plastik, Malerei und die Kunst der Raumverhältnisse nach Bedingungen des sittlichen und vernunftgemäßen Lebens des Menschen schmelzen bei ihm in einer Kunst zusammen."

Touristische Tips

Das Elternhaus Schinkels in Neuruppin ist 1787 beim Stadtbrand zerstört worden, wenige Meter von seinem späteren Wohnhaus in der Fischbänkenstraße 8 haben ihm die Stadtväter ein Denkmal errichtet. Im Neuruppiner **Heimatmuseum** (Tel.: 03391-3308), August-Bebel-Straße 14/15, informiert eine Gedenkausstellung über Schinkels Leben. Auch im Berliner **Schinkelmuseum** in der **Friedrichswerderschen Kirche** in der Werderstraße ist Leben und Werk des Baumeisters dokumentiert. Das schönste Schloß Schinkels ist **Charlottenhof** im Park Sanssouci, das von Mai bis Oktober besichtigt werden kann (Tel.: 0331-9694228).

Eine Gedenktafel erinnert an Gustav Kühn

Daten zur Geschichte

1775: Johann Bernhard Kühn eröffnet eine Buchbinderei und Leihbibliothek in Neuruppin
ab 1792: Erste Bilderbogen im Holzschnittverfahren
21.9.1794: Gustav Kühn wird geboren
1815: Gustav Kühn übernimmt die Buchdruckerei
1825: Ausbau zur Lithographieanstalt
1835–55: Zwei weitere Firmen beginnen mit der Produktion von Bilderbogen
ab 1860: Zeitungen, Zeitschriften und Satireblätter verdrängen den Bilderbogen. Die neuen Blätter reagieren schneller auf aktuelle Ereignisse, erscheinen täglich
1868: Gustav Kühn stirbt
1895: Verkauf des Betriebes wegen starker Konkurrenz neuer Medien
1939: In Neuruppin werden die letzten Bilderbogen hergestellt. Insgesamt sind bis dahin 22.000 Motive auf mehreren hundert Millionen Bogen entstanden

Kinderarbeit für den Bilderbogen

Wie viele andere Manufakturen beschäftigte auch Gustav Kühn Kinder. Sie malten – stehend mit Borstenpinseln und Schablone – die Schwarzweißdrucke mit sechs bis 12 Farben aus. Seit 1850 reichten die Malsäle in der Fabrik nicht mehr aus, in Neuruppin und umliegenden Dörfern wie Wusterhausen, Lindow oder Rheinsberg entstanden Werkstätten. In Wusterhausen arbeiteten noch Ende des 19. Jahrhunderts elf schulpflichtige Kinder zwischen 12 und 14 Jahren – bis zu 38 Stunden in der Woche. Bereits morgens kurz vor sechs Uhr ging die Arbeit vor dem Unterricht los, der Stundenlohn lag bei kläglichen 6,5 bis 8 Pfennigen. Gelegentliche Proteste der Lehrer halfen wenig. Viele Eltern konnten vom eigenen Verdienst ihre Familie nicht ernähren, waren auf die Arbeit der Kinder angewiesen. 1903 wurde die gewerbliche Kinderarbeit endgültig verboten.

„Besser als die Times" – der Bilderbogen aus Neuruppin

Die farbig illustrierten Schauplätze der Schlachten gegen Frankreich fanden reißenden Absatz und auch verheerende Brände, Attentate oder rauschende Geburtstagsfeste der Fürstenhäuser trafen den Geschmack des Volkes. Die Neuruppiner Bilderbogen von Gustav Kühn waren die erste märkische Bilderzeitung, Vorläufer der Illustrierten. Es gab kein großes Ereignis, das Kühn nicht wenige Tage später als farbigen Druck unter die Leute gebracht hätte. Schon bald kannte ganz Europa den Slogan „Bilderbogen aus Neuruppin – Sind zu haben bei Gustav Kühn".

„Was ist der Ruhm der Times gegen die zivilisatorische Aufgabe des Ruppiner Bilderbogens?", fragte Fontane. Und in der Tat waren die 34 mal 41 Zentimeter großen Drucke eines der ersten Massenmedien. Sie erreichten weite Teile des Volkes, stillten das Bedürfnis nach Information und Unterhaltung. In Buchläden und auf Jahrmärkten gab es Bilderbogen für sechs Pfennige, fliegende Händler brachten sie auch auf die Dörfer. Die Bilder schmückten die Wohnungen von Arbeitern und Dienstboten, sie klebten in Poesiealben und Schulheften der Kinder.

Das deutsche Zentrum der Produktion von Bilderbogen lag in Neuruppin, Friedrich-Wilhelm-Straße 162. Der Vater des Erfolgs hieß Gustav Kühn und sein Lebensmotto: „Ein Glück hinieden ist nur dem beschieden, der durch Fleiß und Kraft es sich selber schafft." So richtete Gustav Kühn Buchdruckerei, Handel und Verlag seines Vaters erstmal ganz auf die fabrikmäßige Herstellung von Bilderbogen aus. Er führte 1825 die Lithographie ein. Mit der neuen Technik des Steindrucks konnte er erstmals massenhaft Drucke herstellen und verzehnfachte in den nächsten sieben Jahren die Produktion auf eine Million Bogen pro Jahr.

Sie wurden in ganz Europa gelesen, ins Baltikum und die skandinavischen Länder verschickt. Einen weiteren Schub erfuhr die Produktion 1860 nach der Anschaffung einer dampfdruckgetriebenen Schnelldruckpresse. Pro Bogen wurden jetzt bis zu 80.000 Stück hergestellt, 30 Jahre zuvor waren es durchschnittlich erst 1.000 Stück.

Viele Bilderbogen zeichnete Gustav Kühn bis zum Schluß selber und dichtete auch die Texte dazu. Es gab Ausschneidebogen und Sammelbilder für Kinder, Uniformdarstellungen nahezu aller Armeen der Welt, Gesellschaftsspiele und Stadtansichten. Zur Lebensorientierung stellten einige Bilderbogen das Leben einer frommen Hausmagd dar oder wie sich die gute Ehefrau zu verhalten hat.

Kühn vermittelte die Normen und Werte des Kleinbürgertums, hielt sich weitgehend aus der Politik heraus. Er stand auf Seiten der Regierenden, was angesichts der strengen Zensur in Preußen auch nicht verwundert. Bei der 48er Revolution in Berlin sympathisierte er nur solange mit den Revolutionären, bis sie das Königshaus und die bürgerlichen Ordnungsvorstellungen immer mehr in Frage stellten.

Die Vorlagen für seine Motive klaute sich Kühn oft ganz unbekümmert aus Büchern und Zeitungen. Kriegsbilder waren zum Teil schon vor dem Ereignis fertig, nachträglich wurden nur noch je nach Sieger die Farben

Kopfsteinpflaster und alte Häuser – ein Straßenzug in Neuruppin

der Armeeuniformen richtig koloriert. So brachte der Verlag während des Russisch-Türkischen Krieges 1878 das Bombardement Konstantinopels heraus. Der Bogen zeigte einschlagende Granaten vor blutrotem Himmel. Wider Erwarten wurde der Streit dann beigelegt. 30 Ballen der Bogen waren aber schon fertig, sollten in alle Welt gehen. Also tauschten die Neuruppiner kurzerhand nur den Titel aus, der nun lautete: „So hätte Konstantinopel bei einem Bombardement ausgesehen."

Neuruppin liegt etwa 70 Kilometer nordwestlich von Berlin, ist am schnellsten von dort über die A 24 zu erreichen (Abfahrt Neuruppin)

Vom Holzschnitt zum Steindruck

Bilderbogen gibt es seit dem späten 14. Jahrhundert als Holzschnitte und später als Kupferstiche. Während der Reformationszeit im 16. Jahrhundert erlebt der Bilderbogen eine Blüte, wird zum Kommunikationsmittel. Als Alois Senefelder 1796 den Steindruck einführt, bedeutet das den Durchbruch des Bilderbogens zum Massenmedium. Bei der Lithographie (griechisch lithos = Stein, grapheia = schreiben) wird auf die Schieferplatte eine seitenverkehrte Kreidezeichnung aufgetragen und so präpariert, daß nur die Zeichnung Druckfarbe annimmt. Im Gegensatz zum Holzschnitt mit etwa 1.000 möglichen Abdrucken sind es beim Steindruck beliebig viele. Ab 1880 verdrängt dann die Photographie den Steindruck, Illustrierte ersetzen den Bilderbogen als Medium für Erwachsene.

Information

Fremdenverkehrsamt Neuruppin, August-Bebelstraße 15, Tel.: 03391-2345.

Touristische Tips

Eine **Gedenktafel** am Haus in der Karl-Marx-Straße 29 erinnert an den Beginn der **Neuruppiner Bilderbogenproduktion**. Kühns später errichtete **Fabrik** befindet sich **gegenüber vom Heimatmuseum** (Tel.: 03391-3308), das in der August-Bebel-Straße 14/15 über die Geschichte des Bilderbogens informiert und eine große Sammlung der Bogen ausstellt.

Der Park eines Exzentrikers: Fürst Pückler und Branitz

Fürst Hermann von Pückler-Muskau (1785-1871)

Daten zur Geschichte

1785: Hermann von Pückler-Muskau wird in Muskau geboren

1801: Abbruch des Jurastudiums in Leipzig und Eintritt als Leutnant ins Garde-du-Corps in Dresden

1810: Treffen Pücklers mit Goethe

1811: Pückler übernimmt nach dem Tod seines Vaters die Grafschaft Muskau

1817: Heirat mit Lucie von Pappenheim

1826–29: Englandreise

1834–39: Orientreise

1834: Sein Hauptwerk „Andeutungen über Landschaftsgärtnerei" erscheint

1842: Gestaltung von Park Babelsberg

1845: Verkauf von Schloß und Park Muskau; Umzug nach Branitz

ab 1845: Gestaltung und Erweiterung des Branitzer Parks

1871: Pückler stirbt in Schloß Branitz

Pückler und Lenné

Fürst Pückler und Peter Joseph Lenné waren die beiden überragenden Landschaftsgestalter Brandenburgs im 19. Jahrhundert. Lenné, 1789 in Bonn geboren, wurde 1816 in Potsdam als Gartengeselle angestellt und brachte es bis zum „Königlichen Gartendirektor". Sein Verschönerungsplan für die Umgebung Potsdams faßte die Perle Preußens mit einem Kranz prächtiger Parks ein und schuf das märkische Arkadien, welches heute zum UNESCO-Weltkulturerbe zählt. Er gestaltete die Parks von Sanssouci, Charlottenhof,

Mächtige Baumgruppen an ruhigen Wasserläufen und kleinen Seen, schließlich eine Erdpyramide, von Seerosen umgeben im Wasser. Der etwa 90 Hektar große Branitzer Schloßpark ist eines der bedeutendsten Gartenkunstwerke Europas. Fürst Pückler, schon zu Lebzeiten „Goethe der Landschaftsgärtnerei" genannt, schuf die Anlage bei Cottbus zwischen 1845 und 1870 und setzte damit den großartigen Schlußpunkt einer Entwicklung, die Anfang des 18. Jahrhunderts in England begann.
Das neue Denken der Aufklärung erkannte die Natur als von sich aus unregelmäßig und frei. Und wenn man die Natur aus der Gefügtheit der

Schloß Branitz in Cottbus

Barockgärten befreien würde, dachte man, würde sie wiederum die Menschen befreien. Ein natürlicher, also „ungestalteter Garten" könnte den Besuchern die neuen Philosophien aufzeigen, erzieherische Botschaften übermitteln und eine aufgeklärte Menschheit heranwachsen lassen. Für manche Historiker ist der Landschaftsgarten gewissermaßen die „englische Revolution".
Fürst Pückler lernte diese Form des Gartens erstmals 1810 in Weimar bei Goethe kennen. Der Dichter schloß den 25jährigen sofort ins Herz und zeigte ihm ausgiebig seinen „englischen" Park an der Ilm. Für Pückler schien es das alles auslösende Erlebnis gewesen zu sein: 1815 begann er, nach einer Englandreise, in Muskau selbst mit der Gestaltung eines ersten großen Landschaftsgartens.
Die Anlage verschlang Unsummen. Erst gab er sein Vermögen hin, dann das seiner, ebenfalls begeisterten Frau Lucie, einer Tochter Hardenbergs. Um wieder an Geld zu kommen, ließen die beiden Parkomanen sich pro forma scheiden und Pückler suchte in England eine reiche Erbin, um sich

zu sanieren. Erfolglos. Das einzige, was er mitbrachte, war sein gesellschaftskritisches Buch „Briefe eines Verstorbenen“. Es festigte zwar seine Stellung im preußischen Liberalismus, war finanziell ein Erfolg, seine Verschuldung konnte es aber nicht dauerhaft mindern. Auch die Reisebücher einer fünfjährigen Afrika- und Orientreise, damals wahre Bestseller, konnten dem nicht abhelfen.
1845 mußte Pückler Schloß und Park Muskau verkaufen und ins kleinere Branitz bei Cottbus ziehen. Dort machte er sich, mit 60 Jahren, gleich an einen neuen Landschaftsgarten. Er ließ Bäume pflanzen und versetzen, Wasserläufe anlegen und krönte die Anlage schließlich mit der im Wasser stehenden Erdpyramide, einem völlig neuen Stilelement in der Landschaftsgärtnerei. Und dort ließ er sich auch begraben.
Er war eben ein extravaganter Aristokrat; befreundet mit Heine, Schinkel, Alexander von Humboldt und Semper. Seine Zeitgenossen empfanden

Park und Schloß Babelsberg bei Potsdam

ihn als schön und feurig, jedoch auch eitel, zynisch und verschwenderisch. So ließ er in Berlin vor seine Kutsche zuweilen Hirsche spannen, machte 1816 eine der ersten Ballonfahrten und brachte sehr zum Ärger seiner Frau, die unter seinen dauernden Liebesabenteuern sowieso zu leiden hatte, von der Orientreise die bildhübsche Machbuba mit. Noch als 85jähriger empfing er seine Gäste in Pluderhosen und Turban.
Kein Wunder, daß dieser völlig unangepaßte Mann ein Konkurrent des disziplinierten, sich stets einfügenden P. J. Lenné war, dem zweiten großen Gartengestalter des 19. Jahrhunderts und Vollenders von Sanssouci. Lenné mußte es sehr geschmerzt haben, daß Kronprinz Wilhelm ihn 1842 von der Gestaltung des Babelsberger Parks entband und ausgerechnet Pückler mit der weiteren Gestaltung betraute. Wilhelms Geldmittel reichten für die Entwürfe Lennés nicht aus, zumal diesem die trockenen Böden des Babelsbergs Schwierigkeiten machten. Vor allem aber war es wohl Kronprinzessin Augusta, die an Pückler Gefallen fand und von dem exzentrischen und liberalen Freigeist fasziniert war.

Klein-Glienicke, den Neuen Garten und begann mit dem Babelsberger Park, den dann Fürst Pückler zu Ende führte. Im Gegensatz zu Pückler war Lenné, von französischen Parks geprägt und so trat in seiner zweiten Lebenshälfte wieder mehr der Gedanke von Geometrie und Regelmäßigkeit in den Vordergrund. Dies zeigte sich etwa im Potsdamer Marly-Garten.

Information

Cottbus-Information in der Karl-Marx-Straße 68, Tel.: 0355-24254.

Touristische Tips

Vom **Cottbuser Tierpark** aus verläuft ein schöner Wanderweg durch den **Branitzer Park**. Schon nach wenigen Schritten eröffnet sich ein großartiges Panorama. Der Weg führt an zwei **Erdbauwerken**, der **Seepyramide** und einer **Landpyramide** vorbei. Nach etwa 15 Minuten erreicht man das **Schloß**, welches im spätbarocken Stil nach Anregungen von Gottfried Semper umgestaltet wurde. Das Innere mit dem **Fürst-Pückler-Museum** (Tel.: 0355-751555) ist bereits teilweise rekonstruiert und wird später auch wieder die Sammlung der frühimpressionistischen Gemälde des Malers Carl Blechen aufnehmen.
Der über 500 Hektar große **Muskauer Landschaftspark** liegt etwa 40 Kilometer südöstlich von Cottbus in **Bad Muskau**, auf beiden Seiten der Neiße.

Cottbus liegt etwa 150 Kilometer südöstlich von Berlin. Der schnellste Weg geht über die A 13 bis Autobahndreieck Lübbenau, dann weiter über die A 15

Daten zur Geschichte

1845–46: Protest der Eisenbahnarbeiter gegen die schlechte Entlohnung bei Friesack, Jeseritz und im Kreis Angermünde

1847: Hungerunruhen in Brandenburg. Nach einer Mißernte stiegen die Preise, es kommt zu Angriffen gegen Läden und Marktstände

18. März 1848: Berliner Märzrevolution

18. Mai: Erstes gesamtdeutsches Parlament tagt in der Paulskirche in Frankfurt (Main)

20. Mai: Preußische Nationalversammlung tritt in der Berliner Singakademie zusammen

4. Oktober: Mobile Militärkolonnen rücken in Frankfurt (Oder) und Lübben ein, um Unruhen zu beenden. In Lübbenau werden Mitte Oktober führende Revolutionäre verhaftet und später zu drei bis fünf Jahren Haft abgeurteilt

9. November: Regierung verfügt die Verlegung der preußischen Nationalversammlung nach Brandenburg (Havel)

10. November: General von Wrangel marschiert mit seinen Truppen in Berlin ein, verkündet zwei Tage später den Belagerungszustand

15. November: Aufruf zum Steuerboykott gegen die Regierung, bis die Abgeordneten der Nationalversammlung wieder frei tagen können. Nur Neuruppin verweigert tatsächlich die Steuerzahlungen

5. Dezember: König Friedrich Wilhelm IV. löst die Reste der preußischen Nationalversammlung in Brandenburg auf und zwingt dem Land eine Verfassung auf

1849: Dreiklassenwahlrecht wird eingeführt. Es gilt bis 1918

Die Revolution 1848: Max Dortu kämpft bis zuletzt

In Brandenburg an der Havel demonstrierten Fabrikarbeiter für höhere Löhne und drangen in das Betriebskomptoir einer Seidenwarenfabrik ein. Erstmals wurde 1839 Militär gegen die Streikenden eingesetzt. Als sich die sozialen und wirtschaftlichen Verhältnisse für weite Teile der Bevölkerung nicht besserten, häuften sich die Unruhen und erfaßten nach der Berliner Märzrevolution des Jahres 1848 viele Brandenburger Städte. In Frankfurt (Oder) streikten die Maurer, in Finsterwalde wurden Fabriken gestürmt, in Cottbus das Rathaus demoliert.

Einer der revolutionären Köpfe Brandenburgs war damals der 21jährige Jurastudent Max Dortu. Nach ihm ist in Potsdam die Dortustraße benannt, wo er im Haus Nr. 29 gewohnt hatte. Unter seiner Führung war damals der radikal-republikanische „Politische Verein" entstanden, wurden Volksversammlungen einberufen und bis zuletzt versucht, Bürger und Soldaten für die Revolution zu gewinnen.

Massenarmut, katastrophale Lebensbedingungen und Arbeitslosigkeit hatten sich 1848 mit politischen Forderungen nach einer Verfassung, Grundrechten und dem Nationalstaat verbunden. Nach der Februar-Revolution in Paris war die Bewegung auch auf Deutschland übergeschwappt. König Friedrich Wilhelm IV. mußte nach der Berliner Märzrevolution eine verfassungsgebende Nationalversammlung in Preußen genehmigen, Rede-, Presse-, Vereins- und Versammlungsfreiheit einführen. In Brandenburg bildete sich nun eine große politische Öffentlichkeit mit vielen Klubs und Vereinen.

So trafen sich im Potsdamer „Politischen Verein" unter Führung Dortus Handwerker, Arbeiter und Tagelöhner. Am 12. Mai protestierte Max Dortu bei einer öffentlichen Versammlung gegen die Rückkehr des nach England geflüchteten Prinzen von Preußen, im November versuchte er Bürger und Heer zu verbrüdern. Die Regierung dagegen beschäftigte zur Beruhigung Arbeiter und Handwerker mit Notstandsarbeiten an Chausseen oder Kanälen. In vielen Städten bildeten sich Bürgerwehren, die in enger Zusammenarbeit mit den Behörden Waffen erhielten und gegen revoltierende Arbeiter das Bürgereigentum sichern sollten.

Nach den Siegen der Gegenrevolution in Paris und Wien gewann aber auch in Brandenburg wieder der König die Oberhand. Er ließ 50.000 Soldaten rund um Berlin aufstellen. Als sie am 10. November einmarschierten, berief Max Dortu bei den Potsdamer Eisenbahn-Reparaturwerkstätten eine Volksversammlung ein. Zur Verhinderung von Militärtransporten nach Berlin stürmten Bürger und Arbeiter die Potsdam-Berliner Eisenbahn, rissen Schienen heraus und zerschnitten Telegraphenleitungen. Abends warfen sie Steine gegen das mit Truppen belegte Stadtschloß.

Am Sieg der Gegenrevolution war freilich nicht mehr zu rütteln. General von Wrangel verkündete über Berlin den Belagerungszustand. Klubs und politische Vereine wurden geschlossen, Versammlungen verboten, die Zensur aller Zeitungen durch das Polizeipräsidium eingeführt. Bespitze-

Die Dortuschule in der Potsdamer Dortustraße

An der Schule erinnert eine Tafel an den Revolutionär Max Dortu

18. März in Berlin

10.000 Arbeiter, Bürger und Handwerker versammelten sich am 18. März 1848 zur Kundgebung auf dem Schloßplatz. Plötzlich marschierte Militär auf, Schüsse fielen. Aus Marktständen und Transportkarren bauten die Berliner Barrikaden, 14 Stunden lang tobten blutige Kämpfe. 183 Zivilisten mußten sterben, bis König Friedrich Wilhelm IV. den Sieg der Berliner Märzrevolution anerkannte und die Truppen aus der Stadt abziehen ließ. Die Unzufriedenheit in der Bevölkerung hatte bereits seit den Befreiungskriegen gegen Napoleon gegärt. Seit 1815 war das Versprechen König Friedrich Wilhelm III. nach einer Verfassung uneingelöst geblieben, wurden alle liberalen Bestrebungen mit reaktionärer Politik niedergehalten und die nationale Bewegung mit polizeistaatlichen Mitteln bekämpft.

lungen und Verhaftungen folgten, die Nationalversammlung wurde aufgelöst und der König zwang dem Land eine Verfassung auf, die Preußen zur konstitutionellen Monarchie machte.
Max Dortu mußte Ende 1848 nach Paris flüchten. Im Mai '49 kämpfte er in Baden weiter für die von der Nationalversammlung beschlossene Reichsverfassung. Preußische Truppen warfen aber die Erhebung nieder und nahmen Dortu als Kommandeur eines Volkswehrbataillons der badisch-pfälzischen Revolutionsarmee im Juli gefangen. Er wurde zum Tode verurteilt und am 31. Juli 1849 in Freiburg (Breisgau) hingerichtet.

Wegbeschreibung

Die Dortustraße verbindet die Breite Straße mit der Hegelallee. Bei einem Bummel über Potsdams Einkaufsmeile Brandenburger Straße kreuzt man die Dortustraße

Daten zur Geschichte

1819: Theodor Fontane wird in Neuruppin geboren

1827: Familie zieht nach Swinemünde

1832: Eintritt ins Neuruppiner Gymnasium

1836: Beginn einer Apothekerlehre

1839/40: Im Berliner Figaro erscheinen Gedichte Fontanes

1848: Teilnahme an den Barrikadenkämpfen in Berlin

1849: Fontane wird freier Schriftsteller

1850: Heirat mit Emilie Rouanet-Kummer

1855–59: Aufenthalt in England und Schottland

ab 1859: Beginn der „Wanderungen“ – Aufsätze. Bis 1882 erscheinen vier Bände „Wanderungen durch die Mark Brandenburg“

1882: „Schach von Wuthenow“ erscheint

1893–98: Im Abstand von zwei Jahren erscheinen u.a. „Frau Jenny Treibel“, „Effi Briest“ und „Der Stechlin“

20.9.1898: Tod Fontanes in Berlin

Fontanes Stechlinsee

„Im Norden der Grafschaft Ruppin, hart an der mecklenburgischen Grenze, zieht sich von dem Städtchen Gransee bis nach Rheinsberg hin … eine mehrere Meilen lange Seenkette durch eine menschenarme, nur hie und da mit ein paar alten Dörfern, sonst aber ausschließlich mit Förstereien, Glas- und Teeröfen besetzte Waldung. Einer der Seen, die diese Seenkette bilden, heißt ‘der Stechlin’. Zwischen flachen, nur an einer einzigen Stelle steil und quaiartig ansteigenden Ufern liegt er da, rundum von alten Buchen eingefaßt, deren Zweige, von ihrer eigenen Schwere nach unten gezogen, den See mit ihrer Spitze berühren.“
So schildert Fontane in seinem Roman „Der Stechlin“ den seitdem berühmtesten See Brandenburgs etwa 10 Kilometer westlich von Fürstenberg. Die Dörfer in der Gegend haben von Globsow bis Zechlinerhütte noch einiges an Atmosphäre aus seiner Zeit bewahrt. Von Neuglobsow aus kann man am Uferweg um den See wandern. Spaziergänge auf den Spuren Fontanes bietet auch das Brandenburgische Wanderzentrum in Ludwigsfelde an, Herr Peter Scheunemann (Tel.: 03378-800966).

Der Dichter aus Neuruppin: Fontanes Wanderungen durch Brandenburg machen die Mark berühmt

„Das Beste aber, dem du begegnen wirst, das werden die Menschen sein, vorausgesetzt, daß du dich darauf verstehst, das rechte Wort für den ‘gemeinen Mann‘ zu finden.“ Mit diesem Rat an seine Leser leitete Theodor Fontane seinen ersten Band der „Wanderungen durch die Mark Brandenburg“ ein. Er selber war zwei Jahrzehnte lang immer wieder zu Fuß, meist aber auf Kutschen über Land gezogen. Zwischen Spreewald und Ruppiner Schweiz trug er den Stoff für seine Romane, Balladen und Erzählungen zusammen. Sie handeln von Ziegelbrennern und Dorfpastoren, Stallknechten und Handwerkern, meist geht es aber um die Knesebecks und Ribbecks, um Grafen und Husarengenerale. Der märkische Adel und die preußischen Könige waren das bevorzugte Thema des Apothekersohns aus Neuruppin.
In der kleinen Garnisonstadt wurde Fontane am 30. Dezember 1819 geboren. Im ersten Stock der heute noch bestehenden Löwenapotheke erblickte er das Licht der Welt. Seine hugenottischen Vorfahren nannten sich noch Fontaine und waren als Strumpfwirker und Zinngießer eingewandert. Zusammen mit drei Geschwistern wuchs der kleine Theodor in Neuruppin auf, schräg gegenüber lag das Druckhaus der Bilderbögen von Gustav Kühn. Fontane wurde dann wie sein Vater Apotheker. Er arbeitete in Berlin, Leipzig und Dresden, nahm an den Barrikadenkämpfen der 48er Revolution teil und hängte den Job an den Nagel, um sich ganz der Schriftstellerei zu widmen: „Mir ist die Freiheit Nachtigall, den andern Leuten das Gehalt“.
Bei seinen Reisen durch England und Schottland entdeckte Fontane: „Erst die Fremde lehrt uns, was wir an der Heimat besitzen.“ Nach der Rückkehr entstanden die „Wanderungen durch die Mark Brandenburg“, Reportagen und Theaterkritiken in mehreren Zeitungen und seine Romane. In „Frau Jenny Treibel“ (1893) schildert er die Überlebtheit und Brüchigkeit der herrschenden Klassen, die ausgehöhlten Konventionen des Preußentums in „Effi Briest“ (1895). „Der Stechlin“ (1899) wurde sein Vermächtnis.
Als der Schriftsteller 1898 in einer Berliner Mansardenwohnung starb, hatte er fast ein ganzes Jahrhundert beschrieben – von den napoleoni-

Fontanes Schreibtisch im Heimatmuseum

In Fontanes Geburtshaus befindet sich noch immer die Löwen-Apotheke

Die Büste des Dichters Fontane im Neuruppiner Heimatmuseum

schen Befreiungskriegen bis zur gescheiterten 48er Revolution und der Reichsgründung. Angeblich wollte Fontane als zehnjähriger Junge einmal Geschichtsprofessor werden.

Wer nach ihm durch Brandenburg reist, wandelt fast unweigerlich auf seinen Spuren. Fontanes Beschreibungen machten die Landschaft berühmt. Er beschrieb nicht einfach Seen und Wälder, sondern machte die Natur als Schauplatz von Geschichten lebendig. So wird die Ruppiner Schweiz durch eine Romanze des Kronprinzen Friedrich noch attraktiver, Paretz durch die glückliche Zeit von Königin Luise noch schöner. Land und Leute erhielten von Theodor Fontane ein literarisches Denkmal gesetzt.

Und so beendete er sein eingangs erwähntes Vorwort mit den Sätzen: „Verschmähe nicht den Strohsack neben dem Kutscher, laß dir erzählen von ihm, von seinem Haus und Hof, von seiner Stadt oder seinem Dorf, von seiner Soldaten- oder seiner Wanderzeit, und sein Geplauder wird dich mit dem Zauber des Natürlichen und Lebendigen umspinnen. Du wirst, wenn du heimkehrst, nichts Auswendiggelerntes gehört haben wie auf den großen Touren, wo alles seine Taxe hat; der Mensch selber aber wird sich vor dir erschlossen haben. Und das bleibt doch immer das Beste."

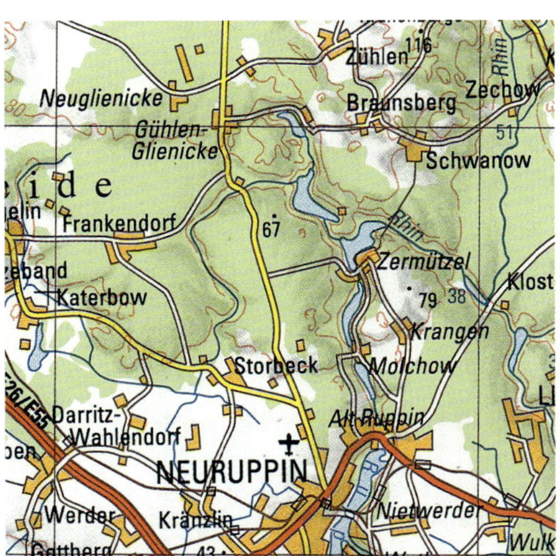

Neuruppin liegt etwa 70 Kilometer nordwestlich von Berlin, ist am schnellsten von dort über die A 24 zu erreichen (Abfahrt Neuruppin)

Information

Fremdenverkehrsamt Neuruppin, August-Bebel-Straße 15, Tel.: 03391-2345

Touristische Tips

Am **Geburtshaus Fontanes**, der berühmten Löwen-Apotheke in der Karl-Marx-Straße 84, ist heute eine Gedenktafel angebracht. Nur einige Meter weiter in der Karl-Marx-Straße 80a steht das restaurierte Gymnasium, in dem Fontane und auch Schinkel zur Schule gingen. Über das Leben des Dichters informiert mit Erinnerungsstücken und Möbeln aus dem Besitz der Familie das **Neuruppiner Heimatmuseum** in der August-Bebel-Straße 14/15 (Tel.: 03391-3308).

Bei einem Besuch Neuruppins empfiehlt sich ein Rundgang durch die klassizistische Innenstadt. Nach dem Stadtbrand mußten fast alle Bürgerhäuser von 1788-96 wiederaufgebaut werden und sind bis heute gut erhalten. Sehenswert sind auch die **Klosterkirche St. Trinitatis** und der **Tempelgarten**, den Kronprinz Friedrich im 18. Jahrhundert anlegen ließ.

Daten zur Geschichte

1418: Forster Tuchmacherhandwerk erstmals urkundlich erwähnt

1627/1655: Schlesische und polnische Tuchmacher wandern nach Forst ein

1800: Duncker gründet in Rathenow den ersten optischen Betrieb Deutschlands

1818: In Forst fertigen 130 Tuchmacher an Webstühlen pro Jahr 1.658 Stück Tuch

1830–1860: Die Arbeitszeit erhöht sich in Brandenburg von durchschnittlich 10-12 (1800) auf nun 14-16 Stunden

22.9.1838: Erste Eisenbahnstrecke von Potsdam nach Zehlendorf. Wenige Jahre später fährt die Bahn von Berlin nach Hamburg in nur acht Stunden, um 1800 brauchten Pferde bis zu 91 Stunden

ab 1859: Forst bekommt Chausseen nach Cottbus, Sommerfeld und Guben

1861: In Forst arbeiten 13 Tuchfabriken mit Dampfbetrieb. 2.000 Arbeiter fertigen 100.000 Stück Tuch

1870: In Brandenburg gibt es 1.445 Kilometer ausgebaute Straßen, siebenmal so viele wie vor 55 Jahren.

ab 1872: Anschluß Forst an das Eisenbahnnetz nach Halle, Sorau, Guben und Weißwasser. In der Mark gibt es über 1.500 Kilometer neue Strecken

1881: Berlin wird eigener Stadtkreis und infolge des rapiden Wachstums aus dem Verwaltungs- und Wirtschaftsgebiet der Mark herausgelöst

1915: In Brandenburg (ohne Berlin) leben etwa 2,5 Millionen Einwohner, in Berlin zwei Millionen

Forst liegt etwa 20 Kilometer östlich von Cottbus, direkt an der Grenze zu Polen. Von Cottbus kann man über die A 15 (Abfahrt Forst) oder über die B 122 die Stadt erreichen

Das Zeitalter der Industrialisierung

Im Zuge der industriellen Revolution erlebte die Mark epochale Umwälzungen. In den Städten entstanden neue Fabriken mit Dampfmaschinen, Straßen und Eisenbahnlinien wurden ausgebaut. Viele Brandenburger wanderten in die Städte ab und die Bevölkerungszahlen explodierten. Zwischen 1816 und 1871 verdoppelte sich die märkische Bevölkerung (ohne Berlin) auf etwa zwei Millionen, die Berlins vervierfachte sich auf über 800.000 Einwohner. Die Metropole war auch der Ausgangspunkt für die Industrialisierung des ländlich geprägten Raumes. Den Schrittmacher spielte dabei die Textilindustrie, mit deren Wachstum sich neue Industriezweige wie der Maschinenbau entwickelten. Auch die Elektro- oder chemische Industrie erlebte in der zweiten Hälfte des 19. Jahrhunderts ihren Durchbruch. In Brandenburg bildeten sich Industrieregionen mit Zentren in Brandenburg an der Havel, Wittenberge, Rathenow, Forst oder Eberswalde. Braunkohle aus der Lausitz und Kalk aus Rüdersdorf lieferten die Rohstoffe für neue Gebäude und den wachsenden Energieverbrauch der Wirtschaft. Das stürmische Wachstum führte aber auch zu Verelendungserscheinungen weiter Teile der Bevölkerung. Niedrige Löhne, Wohnungsnot, Kinder- und Frauenarbeit in licht- und luftlosen Fabriken gehörten ebenfalls zur Wirklichkeit dieser Zeit.

Forster Tuchmacher schaffen ein „Deutsches Manchester“

In den Backsteinhallen klapperten mehrere tausend mechanische Webstühle. Die Stadteisenbahn karrte unablässig Kohle und Stoffballen in die Tuchbetriebe, deren qualmende Schornsteine schon von weitem zu sehen waren. Forst war eine Stadt der Fabriken, hatte sich in rasender Geschwindigkeit in ein „deutsches Manchester“ verwandelt. Im Zeitalter der industriellen Revolution stieg die kleine Siedlung an der Neiße, die seit dem Mittelalter kaum mehr als 1.000 Einwohner zählte, zu einem der führenden Textilzentren Deutschlands auf. Die Einwohnerzahl explodierte zwischen 1800 und 1890 auf 25.000, etwa jeder dritte Beschäftigte arbeitete in Spinnereien, Walkereien und Färbereien.

Der rapide Aufschwung setzte Mitte des 19. Jahrhunderts ein. Forst blickte zu diesem Zeitpunkt bereits auf eine 400 Jahre alte Tuchmachertradition zurück. Handwerker webten Tuche aus Schafwolle oder Flachs noch per Hand, als sich der Übergang zur Industriefertigung vollzog. 1821 gründete Jeschke eine erste Spinnfabrik mit englischen Maschinen, um 1840 wurden mechanische Webstühle eingeführt. Mit der Erschließung von Braunkohlegruben bei Döbern ersetzte Dampf die Wasserkraft, 1844 ging die erste sechs Pferde starke Dampfmaschine in Betrieb.

Maschinen allein hätten für den Siegeszug Forster Tuche freilich nicht ausgereicht. Der Aufschwung ist vor allem auch dem Tuchmacher Carl

August Groeschke zu verdanken, der um 1841 die Produktion von Buckskins einführte. Die gemusterten Stoffe aus England hatte er erstmals auf Messen in Frankfurt (Oder) und Leipzig gesehen, ließ sie nun auch auf einem seiner Webstühle herstellen. 1843 gründete Groeschke eine Buckskinfabrik. Die neuen Stoffe aus Leinengarn und Wolle fanden bald Nachahmer und machten Forster Tuche weltberühmt. Ab 1853 wurden die Buckskins bis nach Amerika exportiert.

In den 70er Jahren entstanden zwischen Mühlgraben und Neiße sowie der Sorauer-, Planckstraße und Am Haag große Fabrikviertel. Der Bauboom zwang die Verwaltung, ein eigenes Stadtbauamt einzurichten. Forst wurde im Zuge der Industrialisierung auch an das Eisenbahnnetz und Chausseen angeschlossen. Die Fachschule für Textilindustrie entstand, ein Elektrizitätswerk ging in Betrieb und die Stadteisenbahn „Schwarze Jule“ verband auf 24 Kilometern fast alle Fabriken der Stadt.

Forst war vor Cottbus und Guben, Finsterwalde und Spremberg das unbestrittene Tuchzentrum der Lausitz. Aus den Hallen dröhnte unablässig der Lärm vibrierender Webstühle, Spulräder und Jaquardmaschinen, an denen bis 1916 von sechs Uhr morgens bis 19 Uhr abends Textilarbeiter schufteten. Urlaub gab es meist einheitlich nur in der Woche nach Pfingsten. Der Tageslohn für Frauen betrug zwischen 1,60 und 2,80 Mark, Männer bekamen bis zu 4,60 Mark.

1870 kam es dann zu einem ersten Textilarbeiterstreik für höhere Löhne. Die Forster Fabrikanten reagierten mit totaler Aussperrung und der Protest fiel in sich zusammen. Immerhin war etwa jeder dritte Forster von der Textilindustrie abhängig, 1925 arbeiteten dort 14.500 der inzwischen 37.000 Einwohner. In den 422 Tuchbetrieben klapperten 4.518 Webstühle und der Aufschwung hielt noch bis zum Zweiten Weltkrieg an. Damals wurden an der Neiße bis zu 20 Millionen Meter Tuch hergestellt. Jeder fünfte Deutsche trug Anzüge mit Stoffen aus Forst.

Die historischen Bilder der Forster Textil-Industrie-Fachschule geben einen Eindruck wie beengt in Webereien, Färbereien und in Desinfektionsabteilungen gearbeitet wurde

Tuchindustrie nach 1945

Nach dem Zweiten Weltkrieg lag Forst in Trümmern, 88 Prozent der Stadt waren zerstört. Nur 60 Tuchbetriebe nahmen die Produktion wieder auf, jeder zweite war enteignet. 1972 wurden bis auf ein Unternehmen alle 22 restlichen Betriebe verstaatlicht und einige Jahre später dem VEB Forster Tuchfabriken zugeschlagen. 1989 arbeiteten an den 23 Betriebsstätten noch 1.984 Mitarbeiter. Nach der Wende kam es zu Massenentlassungen und am 1. November 1992 gingen die Forster Tuchfabriken GmbH in Liquidation. Auch die Ingenieurschule für Textiltechnik wurde abgewickelt. An dem alten Tuchstandort haben inzwischen mit den Brandenburgischen Tuchfabriken GmbH und den Forster Webwaren GmbH wieder Unternehmen die Produktion aufgenommen.

Information

Fremdenverkehrsverein Forst, Promenade 9, Tel.: 03562-989327.

Touristische Tips

Das Brandenburgische **Textilmuseum** in **Forst**, Sorauer Straße 37 (Tel. 03562-983661) befindet sich in einer 1897 erbauten Tuchfabrik. Es stellt die Geschichte der Tuchindustrie dar und zeigt in einer Schauwerkstatt Krempelmaschinen, Webstühle, Kettenschärmaschinen oder Zylinderwalken, zum Teil noch aus dem 19. Jahrhundert. In der Nähe des Museums befinden sich noch weitere **Fabrikantenvillen** und **Fabriken** aus der Zeit der Industrialisierung. Sehenswert ist auch der 1913 angelegte und 15 Hektar große **Forster Rosengarten** an der Wehrinselstraße (Tel.: 03562-7548). Im Frühjahr verwandelt sich der Garten in ein blühendes Meer aus rund 40.000 Rosenstöcken.

Der Flugpionier Otto Lilienthal (1848–1896)

Der erste Flieger – Lilienthal stürzt in Stölln ab

Am Anfang hielten ihn alle für einen Spinner. Die märkischen Bauern schüttelten ihre Köpfe, als Otto Lilienthal im Sommer 1893 mit seinem einklappbaren Fluggerät in die Rhinower Berge zog. Doch der Wegbereiter der modernen Luftfahrt ließ sich nicht beirren. Er hatte sich den 110 Meter hohen Gollenberg für seine Flüge ausgesucht und quartierte sich bis zum tragischen Absturz fast jedes freie Wochenende im Stöllner Dorfgasthaus von Minna Herms ein. Gleich nach dem Frühstück zog er mit seinem Gleiter los und segelte vom Gollenberg bis zu 350 Meter durch die Lüfte hinunter ins Rhinluch.

Über den märkischen Wiesen machte Otto Lilienthal den uralten Menschheitstraum vom Fliegen wahr. Schon als kleiner Junge hatte er mit Bruder Gustav auf den Feldern die Störche beobachtet und war fasziniert, wie sie durch die Lüfte glitten. Mit 13 und 14 Jahren bauten die Brüder einen Flugapparat. Die ersten Versuche scheiterten zwar, doch sie gaben nicht auf.

Otto Lilienthal, inzwischen Ingenieur und erfolgreicher Unternehmer, ließ in Lichterfelde den Abraumberg der Ziegelei nahe seines Wohnhauses auf etwa 15 Meter Höhe aufschütten. Bruder Gustav konnte wegen eines Hüftleidens zwar nicht selber fliegen, der Architekt stoppte aber die Versuche mit dem gemeinsam entwickelten Gleiter aus Leinen und Weidenruten. Nach den ersten Hüpfern setzte Otto Lilienthal dann 1891 zum ersten Flug an. Dazu fuhr er nach Derwitz bei Werder. Vom Windmühlenberg schwebte der Erfinder als erster Deutscher 15 Meter vogelgleich durch die Lüfte.

Seine Pionierleistungen gingen in die Geschichte ein und vermittelten das erste gesicherte Wissen übers Fliegen. Etwa 20 Konstruktionen von Fluggeräten entstanden später auf Grundlage der Arbeiten des vielseitigen Erfinders. Zusammen mit seinem Bruder hatte der Inhaber einer Berliner Maschinenfabrik 20 Patente erworben. Darunter waren auch die später berühmten Anker-Steine, ein Vorläufer der Lego-Bausteine. Nebenbei machte Otto Lilienthal aus dem Ostend-Theater die erste Volksbühne Berlins und schrieb unter dem Pseudonym Carla Pohle ein sozialkritisches Drama. Ab und an spielte er auch selber Theater, am liebsten den Räuberhauptmann im Volksstück „Preciosa".

Am Wochenende aber zog es Otto Lilienthal immer wieder nach Stölln. Dort war er inzwischen eine vielfotografierte Berühmtheit. Zusammen mit seinem Monteur Paul Beylich nächtigte er nun nicht mehr in der Kammer, sondern in der guten Stube des Dorfgasthauses. Auch an jenem neunten August 1896 gingen beide wieder zum Gollenberg. Drei erfolgreiche Flüge hatte Lilienthal schon hinter sich, als er ein viertes Mal auf dem Berg Anlauf nahm und herabglitt.

„Da, plötzlich, blieb der Vogel in der Luft stehen, scheinbar eine Windflaute. Lilienthal schlenkerte ein wenig mit den Füßen, damit er vorwärts kam, aber dann schlug der Apparat auf einmal vornüber und sauste direkt mit der Schnauze in die Erde", erinnerte sich Paul Beylich an den tragi-

Daten zur Geschichte

23.5.1848: Otto Lilienthal wird in Anklam (Mecklenburg) geboren

1864–66: Maschinenbaustudium in Potsdam

1881: Gründung einer Fabrik in Berlin

1891: Erster Gleitflug in Derwitz bei Werder

9.8.1896: Absturz am Gollenberg

10.8.1896: Lilienthal starb im Berliner Bergmann Krankenhaus

Auf Ottos Spuren

Brandenburg entwickelt in der Nachfolge Otto Lilienthals eine große Luftfahrttradition. So eröffnete Hans Grade 1909 im heutigen Borkheide eine Flugzeugfabrik und im Frühjahr 1910 die erste deutsche Fliegerschule. In Potsdam zog Graf Ferdinand von Zeppelin von 1910-11 in die Villa Stadtheide. Er pachtete ein 17 Hektar großes Gelände an der Havel zwischen Hermannswerder und der Brandenburger Vorstadt. Dort ließ er einen Luftschiffhafen für die Personen- und Güterluftschiffahrt errichten. Im ersten Weltkrieg wurden in Potsdam 16 Militär-Zeppeline gebaut, was zur Folge hatte, daß die Halle nach dem Versailler Vertrag abgerissen werden mußte. An der Stelle entstand dann ein Sportplatz.

Mit einem Gleitflugzeug, einer komplizierten Doppeldecker-Konstruktion, schwebte Lilienthal 1891/92 durch die Lüfte

Information

Fremdenverkehrsverein Westhavelland in Rathenow, Schleusenplatz 4, Tel.: 03385-2336.

Touristische Tips

Stölln liegt etwa 20 Kilometer nördlich von Rathenow. **Das Gasthaus „Zum ersten Flieger“** (Tel.: 033875-30434) wird inzwischen von einem Urenkel Minna Herms' betrieben. In der Wirtschaft sind ein **Nachbau von Lilienthals Flugapparat** und alte Fotos ausgestellt. Das **Stöllner Lilienthal-Museum** (Tel.: 033875-32020) befindet sich in einer Iljuschin 62 am Ortsrand, wo das Flugzeug der ehemaligen Linie Interflug 1989 landete. Nach der Frau Lilienthals heißt es „Lady Agnes“ und dient auch als Standesamt. Zwischen Derwitz und Krielow nahe an der Bundesstraße 5 **bei Werder** erinnert ein **Denkmal** an Lilienthals ersten gelungenen Flug.

schen Absturz. Dabei hatte sich der Flugpionier den dritten Halswirbel gebrochen. Jede Hilfe kam zu spät, am folgenden Tag starb Lilienthal um 5.30 Uhr in der Bergmannschen Klinik in Berlin. Er war quasi das erste Opfer eines Flugzeugabsturzes geworden.
An der Absturzstelle bei Stölln erinnert heute ein schwarzer Gedenkstein an den „märkischen Ikarus“ und das Dorfgasthaus heißt zu Ehren Otto Lilienthals „Zum ersten Flieger“.

Stölln liegt etwa 20 Kilometer nördlich von Rathenow und rund 60 Kilometer nordwestlich von Berlin. Von Rathenow führt die B 102 zu der kleinen Gemeinde. Von Berlin aus fährt man am besten auf der B 5 bis Friesack, biegt dort nach links auf die Landstraße nach Stölln ab

Wie ein Vogel eroberte Lilienthal mit dieser Tragflächenkonstruktion um 1895 den Himmel über Stölln

Der historische Rundofen gehört zum Rüdersdorfer Museumspark

Daten zur Geschichte

13. Jahrhundert: Entdeckung des Kalkvorkommens

1769: Rüdersdorf bekommt ein eigenes Bergamt

1802: Errichtung der ersten Rumford-Öfen

1804: Bau des Heinitzkanals als Verbindung zwischen Heinitz-Bruch und Mühlenfließ. Bis 1827 werden Bülow- und Redenkanal gebaut

1835: Abbau im Alvenslebenbruch

1841: Die Tradition der alljährlichen Bergfeste beginnt

1864: Erstmals wird im Tiefbau (unterhalb des Wasserspiegels) Kalk abgebaut

1883: Inbetriebnahme der ersten Zementfabrik

1914: Der Heinitz-Bruch wird stillgelegt, füllt sich mit Wasser zu einem blauen See

1945: Neuaufbau; der vierflügelige Ringofen wird wieder in Betrieb genommen. Gründung des VEB „Kalk-, Zement- und Betonwerke"

1966: Bau von vier neuen Öfen

1990: Übernahme durch „Readymix"

Sage

Der Sage nach soll ein Schwein den Rüdersdorfer Kalkstein entdeckt haben. Mönche hatten vom Kloster Zinna eine Fuhre lebender Schweine abgeholt. Auf dem Weg nach Kagel brach ihnen ein Wagenrad, sie mußten die Borstenviecher abladen. Die Reparatur nahm viele Stunden in Anspruch. Nachdem sie die Fährstelle in Woltersdorf passiert hatten, zwang sie die Dunkelheit zur Übernachtung im Freien. Am nächsten Morgen waren die Räder ihres Wagens aber tief im Erdboden eingesunken – die Schweine mußten erneut abgeladen werden. Während die Mönche das Fuhrwerk befreiten, wühlten die Tiere die Erde auf, legten einen „golden glänzenden Stein" frei. Die Mönche dachten, sie hätten durch Gottes Fügung einen Goldschatz entdeckt. Ein herbeigerufener Pater erkannte den Stein als glitzerndes, wertloses Katzengold. Darunter entdeckte er aber ein riesiges Kalklager.

Rüdersdorfer Kalk: Der Stoff aus dem Berlin entstand

Eine dünne graue Staubschicht überzog jahrzehntelang Rüdersdorf und Umgebung. Wie ein Mantel umhüllte der Ausstoß der Kalkbrennerei alles von den Blättern an den Bäumen bis zu den Hausdächern. Rüdersdorf ist der Stoff aus dem Berlin gemacht ist: das Charlottenburger Schloß, die Gebäude Unter den Linden, das Olympiastadion, die Ost-Berliner Plattenbauten. Die 15 Kilometer östlich von Berlin gelegene Gemeinde ist quasi ein Negativabdruck der Millionenmetropole – ein staubiges, viereinhalb Kilometer langes, über einen Kilometer breites und 100 Meter tiefes Loch. Daraus entstand halb Berlin – aus Kalkstein, dem Grundstoff für Mörtel, Zement und Beton.

Die Geschichte des Rüdersdorfer Kalksteins begann vor 250 Millionen Jahren. Damals lagerte sich dort Muschelkalk in riesigen Mengen ab. Eher per Zufall wurde das Vorkommen im 13. Jahrhundert von einem Bauern beim Pflügen oder Mönchen entdeckt. Eins ist sicher: Beim Bau der Strausberger Klosterkirche 1254 wurde bereits Kalkstein aus „Ruderstorp" benutzt.

Zisterziensermönche vom Kloster Zinna bei Jüterbog hatten um 1225 in Kagel bei Rüdersdorf ein Feldkloster gegründet, ließen als erste den Kalk mit Brechstangen und Hämmern abbauen. Im Mittelalter vergaben sie gegen „Kalkgeld" das Bruchrecht an Städte wie etwa Berlin. Als ab 1658 Berlin und Cölln zu Festungsstädten ausgebaut wurden, mußten Strafgefangene und Soldaten im Steinbruch arbeiten.

1802 ging der erste „Rumfordsche Ofen" in Betrieb, der statt mit Holz mit Torf und Kohle befeuert wurde. Der leistungsfähigere Ofen war vom Physiker Benjamin Thompson Graf Rumford entwickelt worden.

Mitte des 19. Jahrhunderts besichtigte Friedrich Wilhelm IV. die Steinbrüche im Rüdersdorfer Kalkgebirge. Er war beeindruckt, hinterließ Geld, mit der Auflage, davon ein Fest zu feiern. Das „Bergfest" wurde zu einem festen Ritual, jährlich mit Umzügen, Musikkapellen und Besuchern aus der ganzen Umgebung gefeiert.

Vor allem während der Industrialisierung Berlins stieg der Kalksteinabbau stark an, verdreifachte sich von 1801 bis 1852 und wurde 1885 nochmals verdoppelt. 796 Bergleute hatten knapp 331.200 Kubikmeter abgebaut. 1877 waren die „Kathedralen des Kalks" entstanden – eine Batterie von 18 gemauerten Schlotöfen der Kalkbrennerei. Bis 1967 bliesen sie jährlich 55.000 Tonnen weißen Kalkstaub in den Himmel zwischen Berlin und Seelow.

Als die Nationalsozialisten die Macht übernahmen, stand in Rüdersdorf das größte Kalkwerk Deutschlands. Es lieferte den Baustoff für 150 Brücken der Reichsautobahn Berlin. 1938 wurde ein Zementwerk errichtet mit einer Jahreskapazität von 220.000 Tonnen. Darauf folgten ein Tonerde- und ein Betonwerk. Am 21. April 1945 marschierte die Rote Armee in Rüdersdorf ein. In den Werken begann die Demontage, nur die erste Zementfabrik „Adler" aus dem Jahr 1883 blieb verschont. Dennoch wurde im Oktober der Betrieb wieder aufgenommen.

Heute steht in Rüdersdorf eins der modernsten Zementwerke der Welt

Schon bald brannte wieder in 14 Öfen der Kalk – es entstand der Volkseigene Betrieb (VEB) „Rüdersdorfer Kalk- Zement und Betonwerke“. 1950 arbeiteten erneut 1.700 Menschen in den Werken. Im Jahr darauf wurde das demontierte Zementwerk II wieder aufgebaut. In der Folgezeit entstanden zwei weitere Zementwerke und ein Kalkwerk. Ab 1981 betrug die Kalksteinproduktion jährlich vier Millionen Tonnen – fast jede vierte Neubauwohnung in der DDR entstand aus Rüdersdorfer Zement. Kalk wird nach wie vor abgebaut: Täglich um 13.30 Uhr bebt die Erde. Dann sprengen Bergleute wieder eine Wand im Kalkstein.

Kathedralen des Kalks – eine Batterie von Schlotöfen

Rüdersdorf liegt etwa 15 Kilometer östlich von Berlin, ist von dort am besten über die B 5 (Richtung Hellersdorf) oder über die A10 (Abfahrt Rüdersdorf) zu erreichen

Rüdersdorf heute

1990 übernahm die Unternehmensgruppe „Readymix“ die beiden Zementwerke, ein Kalk- und ein Betonbauteilewerk. Der neue Besitzer investierte 500 Millionen Mark in die Modernisierung, schuf in Rüdersdorf eines der modernsten Zementwerke der Welt. Dort werden täglich 5.000 Tonnen Portlandzement-Klinker hergestellt – ein Vorprodukt für Zement, gewonnen aus Braunkohle-Asche, Kalk und Sand. Nachdem 1991 noch 3,7 Kilogramm Staub pro Tonne Zement ausgestoßen wurden, sind es jetzt durch 180 Entstaubungsanlagen nur noch 100 Gramm pro Tonne. Auch heute beziehen die Berliner Großbaustellen einen Teil ihrer Baustoffe noch immer aus Rüdersdorf.

Touristische Tips

Zahlreiche historische Industriebauten gehören heute zum **Rüdersdorfer Museumspark** der Baustoffindustrie in der Heinitzstraße 11 (Tel.: 033638-7650). Dort gibt es täglich zwei Führungen durch Teile des Tagebaus, wobei über 20 Denkmale aus der Produktionsgeschichte gezeigt und erklärt werden. Die Führungen (2-3 Stunden) finden von April bis Oktober am Wochenende und an Feiertagen statt.
Das zweite große märkische Baustoffzentrum war früher in **Glindow**, etwa elf Kilometer westlich von Potsdam. Aus den örtlichen Tonvorkommen wurden Mitte des 19. Jahrhunderts 16 Millionen Ziegel jährlich gebrannt. Im Märkischen **Ziegelei-Museum** in der Alpenstraße 47 (Tel.: 03327-664915) werden Führungen über das alte Ziegeleigelände angeboten – vom Tonabbau bis zum Brand im Hoffmannschen Ringofen.

Geschwungene Linien, abgerundete Kanten – der expressionistische Einsteinturm

Daten zur Geschichte

1871: Gründung des deutschen Kaiserreichs. Im Spiegelsaal von Versailles erfolgt die Proklamation Wilhelm I.

1874: Auf dem Potsdamer Telegraphenberg wird das Astrophysikalische Observatorium errichtet

1888: Wilhelm I. stirbt. Sein Enkel Wilhelm II. übernimmt bis 1918 die Regentschaft

1916: Albert Einstein entwickelt die Allgemeine Relativitätstheorie

1921: Der Physiker Einstein erhält den Nobelpreis. Auf dem Telegraphenberg wird der Einsteinturm errichtet, um die Relativitätstheorie experimentell nachzuweisen

1933: Die Nationalsozialisten übernehmen die Macht in Deutschland. Albert Einstein emigriert in die USA

Telegraphenberg heute

Noch heute befindet sich auf dem Telegraphenberg der Wissenschaftspark Potsdams: Neben dem Astrophysikalischen Observatorium, dem Großen Refraktor und dem Einsteinturm ist hier auch das Geoforschungszentrum angesiedelt. Hauptrichtung des Instituts ist die Erdbebenforschung. Mitarbeiter halten sich ständig bereit, um auf schnellstem Weg in Erdbeben-Katastrophengebiete zu fahren. Im Institut werden auch UN-Spezialisten geschult. Nach wie vor ist das Meteorologische Institut auf dem Telegraphenberg ansässig, von wo aus Temperaturen, Niederschlagsmengen, Windgeschwindigkeit, Luftdruck und Luftfeuchtigkeit sowie Bewölkungsdichte an den Deutschen Wetterdienst weitergeleitet werden. Seit 1992 befindet sich auch ein Institut für Klimafolgenforschung auf dem Telegraphenberg. Dort werden die Folgen von Treibhauseffekt, Ozonlöchern, Waldsterben, Fluten und Wirbelstürmen erforscht.

Vom Telegraphenberg: Der Griff nach den Sternen

Einmal ohne die störenden Lichteinflüsse der Großstadt in den Sternenhimmel gucken können – davon hatte Wilhelm Julius Förster lange geträumt. 1871 endlich wandte sich der Direktor der Königlichen Sternwarte Berlin mit einer Denkschrift zur Förderung einer Sonnenwarte an den technisch interessierten Kaiser Wilhelm I. Dieser fand Gefallen an dem Projekt und beauftragte Baurat Paul Spieker, Entwürfe zu erarbeiten. Heraus kam ein Gebäude in T-Form mit zwei Etagen und drei Kuppelpavillons. Drei Jahre später nahm das erste astrophysikalische Observatorium der Welt auf der Kuppe des 94 Meter hohen Potsdamer Telegraphenbergs seine Arbeit auf.

Der Berg trägt seinen Namen nicht zufällig: Bereits 1832 hatte die preußische Telegraphenlinie Berlin-Koblenz auf dem bewaldeten Hügel ihre vierte Station erbaut, übermittelte von dort bis 1862 per Sichtzeichen Nachrichten. Nachdem das Observatorium 1879 gebaut war, begann Förster dort zu arbeiten: Er wandte zum ersten Mal die gerade erst entwickelte Spektralanalyse auf die Astronomie an und gründete somit einen neuen Wissenschaftszweig – die Astrophysik. Nun konnte nicht nur die Bewegung von Himmelskörpern erforscht werden, sondern auch deren chemische Zusammensetzung und die Analyse ihrer Lichtstrahlen.

Bald darauf folgten weitere wissenschaftliche Einrichtungen auf dem Telegraphenberg: 1892 entstanden das Geodätische Institut und eine Außenstation des Königlich-Preußischen Meteorologischen Instituts Berlin. 1899 weihte Kaiser Wilhelm II. mit einem pompösen Festakt den Großen Refraktor ein. In dem Kuppelgebäude gegenüber dem Observatorium wurde das damals größte Fernrohr der Welt mit einer Brennweite von 12,5 Metern installiert.

1921 schließlich wurde eine weitere Einrichtung eröffnet – der „Einsteinturm". Nachdem der Physiker Albert Einstein im November 1916 seine „Allgemeine Relativitätstheorie" entwickelt hatte, stellte die preußische Regierung 150.000 Mark bereit, um Einstein und anderen Wissenschaftlern den experimentellen Nachweis der Theorie zu ermöglichen. Die Idee, das Geld für einen „Einsteinturm" zu nutzen, stammte von dem Astronom Erwin Freundlich. Er machte sich für das Projekt stark, bat überall um Unterstützung: Die Jenaer Firmen Zeiss und Schott lieferten die Spezialausrüstung für das Sonnenteleskop zum Selbstkostenpreis, der Staat stellte das Areal auf dem Telegraphenberg zur Verfügung.

Einer der bedeutendsten Vertreter des Expressionismus, der Berliner Architekt Erich Mendelsohn, entwarf das Gebäude: Es sollte die Urkraft und Allmacht der Natur versinnbildlichen. Das Ergebnis wurde ein 20 Meter hoher, extravaganter weißer Turm mit geschwungenen Linien, abgerundeten Kanten und Fensteröffnungen. Alle waren von dem Bauwerk begeistert – nur Einstein nicht. „Ich kann dem Monument nichts abgewinnen", gestand er Konrad Wachsmann, dem Architekten seines Sommerhauses in Caputh.

Auf dem Potsdamer Telegraphenberg steht das älteste astrophysikalische Observatorium der Welt

Der Physiker nahm unregelmäßig an wissenschaftlichen Sitzungen auf dem Telegraphenberg teil. Viel Spaß hatte er dabei aber nicht, denn er mußte ständig die lautstarken Streitereien zwischen Erwin Freundlich, dem Leiter des Einsteinturms, und Hans Ludendorff, dem Leiter des Astrophysikalischen Observatoriums, mitanhören. Einstein versuchte, dieser Mißstimmung das Beste abzugewinnen, er entwickelte Schadenfreude: „Der Mensch kann nicht nur von der Logik leben. Er braucht auch etwas für sein schwarzes Herz.“

Der Telegraphenberg erhebt sich hinter dem Landtagsgebäude (Heinrich-Mann-Allee). Kommt man über die Friedrich-Ebert-Straße, muß man nach der Langen Brücke nach links in die Brauhausbergstraße einbiegen

Touristische Tips

Das Gelände auf dem **Telegraphenberg** an der Einsteinstraße läßt sich gut bei einem Spaziergang erkunden. Die **Potsdamer Urania** in der Brandenburger Straße 38 (Tel.: 0331-291741) organisiert auch Führungen im Inneren des Einsteinturms. Dort befindet sich ein feststehendes Teleskop (Brennweite: 14,5 Meter). Es geht bis in die Kuppel, dient zur Sonnenbeobachtung. Ein bewegliches Spiegelsystem leitet das Sonnenlicht in den Keller, wo es spektroskopisch zerlegt und analysiert wird. Kein Turmfenster zeigt nach Süden, um den Einfall von Streulicht zu vermeiden. Im Sockelbau des Turms befinden sich Laboratorien. Im Erdgeschoß erinnert eine Büste an den genialen Physiker Albert Einstein.

Er hatte südlich von Potsdam in dem kleinen Ort **Caputh** am Templiner- und Schwielowsee ein **Sommerhäuschen**. In dem schlichten Holzhaus an der Waldstraße 7 empfing Einstein Gäste wie Heinrich Mann und Charlie Chaplin. Informationen zu Besichtigungen erteilt der Fremdenverkehrsverband Schwielowsee in der Lindenstraße 56 unter Tel.: 033209-70886.

Daten zur Geschichte

31. Juli 1914: Kaiser unterzeichnet die Mobilmachung und Kriegserklärung an Rußland

1914–1918: Erster Weltkrieg

28. Juni 1916: 55.000 Rüstungsarbeiter in Berlin und Brandenburg streiken gegen die Verurteilung Karl Liebknechts

16.–23. April 1917: 300.000 Arbeiter streiken für Frieden, Freiheit und Brot

28.1.–4.2.1918: 300.000 Rüstungsarbeiter in Berlin/Brandenburg streiken für Frieden, und allgemeines Wahlrecht

9. November 1918: Revolution in Berlin, Streiks und Massendemos, Scheidemann ruft die Republik aus. Kaiser Wilhelm II. und der Kronprinz verzichten auf den Thron

1920: Stadtgemeinde Berlin wird neu gebildet. Brandenburg wird eine von zehn preußischen Provinzen

1922: Nach der Ermordung des Reichsaußenministers Walther Rathenau kommt es in Berlin und vielen Orten Brandenburgs zu Kundgebungen und Teilstreiks gegen rechtsextremistischen Terror

1923: Gustav Büchsenschütz verfaßt das Lied „Steige hoch, Du roter Adler". Später wird es zu einer Art Landeshymne für Brandenburg

Von der Monarchie zur Demokratie

Nach dem verlorenen Ersten Weltkrieg mußte Kaiser Wilhelm II. abdanken und ins Exil gehen. 500 Jahre Hohenzollernherrschaft über und in Brandenburg gingen 1918 zu Ende. Die Weimarer Republik brachte Brandenburg das Verhältniswahlrecht und Parteienpluralismus. Die Privilegien altpreußischer Familien konnten zurückgedrängt werden. An den Herrschafts- und Eigentumsverhältnissen gab es aber keine grundlegenden Änderungen. Die junge Demokratie stand auf unsicherem Fundament. Ende 1928 verschärften sich dann die Absatzprobleme der Landwirtschaft, ein Jahr später wurde die gesamte Wirtschaft von einer langwierigen Krise erfaßt. Die sozialen und politischen Spannungen verstärkten sich, die NSDAP gewann in den märkischen Kreisen zunehmend Anhang.

Vom Kaiserbahnhof ins Exil: Auguste reist ab

Am Abend des 27. November 1918 war es soweit: Kaiserin Auguste Viktoria packte ihre Sachen im Potsdamer Neuen Palais zusammen, am nahe gelegenen Bahnhof Wildpark, auch Kaiserbahnhof genannt, stand schon der Zug ins Exil bereit. Im niederländischen Doorn wartete nach seiner Abdankung bereits Ehemann Wilhelm II. Gebrochen und in sich verschlossen ging nun auch Auguste Viktoria durch den prunkvollen Bahnhof und stieg in ihr Abteil. Dann fuhr der Zug ab. Nach 500 Jahre langer Herrschaft hatten die Hohenzollern Brandenburg verlassen.

Aus den Markgrafen waren Kurfürsten, Könige und Kaiser geworden, aus der Mark Brandenburg Preußen und das deutsche Reich entstanden. Nun, nach all den Friedrichs und Friedrich Wilhelms, empfahl die oberste Heeresleitung Kaiser Wilhelm II. im Neuen Palais die Abdankung. Vier Jahre zuvor hatte er am selben Ort die Mobilmachung und Kriegserklärung an Rußland unterzeichnet, den Ersten Weltkrieg begonnen. Doch das Land war bereits nach kurzer Zeit kriegsmüde und der Obrigkeit überdrüssig.

So streikten im Juni 1916 rund 55.000 Rüstungsarbeiter gegen die Inhaftierung Karl Liebknechts, nach dem Hungerwinter 1916/17 und Anfang 1918 gab es weitere Massenstreiks für Frieden und politische Rechte. Als schließlich die Novemberrevolution Berlin und die Mark erfaßte, war es mit der Monarchie vorbei. Noch am selben Tag rief der Sozialdemokrat Philipp Scheidemann vom Balkon des Berliner Reichstagsgebäudes die Republik aus.

24 Stunden später ging Wilhelm II. ins Exil. 50 Eisenbahnwaggons und 25 Möbelwagen mit persönlichen Einrichtungsgegenständen wurden ihm später nach Doorn nachgeschickt.

Der Kaiserbahnhof geriet erstmal in Vergessenheit. Wilhelms Vorgänger Friedrich Wilhelm IV. hatte die prachtvolle Anlage 1844 im Zuge der Verlängerung der Bahnlinie von Potsdam nach Magdeburg errichten lassen – eigens für Mitglieder der königlich-kaiserlichen Familie und deren Gäste.

Zweimal wurde der Bahnhof umgebaut, zuletzt 1906 im ländlichen Stil. Danach empfing der Kaiser dort Zar Nikolaus II., dem aber nur noch wenige Gäste bis zum Ende des Ersten Weltkrieges folgten.

Für Brandenburg begannen mit der Konstituierung der Weimarer Republik tiefe Veränderungen. Das allgemeine und gleiche Wahlrecht wurde eingeführt, auch Frauen durften nun wählen. Es entwickelte sich ein pluralistisches Parteienspektrum. Im Oktober 1920 wurde die neue (Groß)-Stadtgemeinde Berlin mit rund 3,8 Millionen Einwohnern gebildet. Brandenburg verlor rund 800 Quadratkilometer Fläche und 44 Prozent seiner Einwohner an die Metropole.

Im April 1921 richtete sich das Interesse nochmals auf den Kaiserbahnhof. Nach Jahrhunderten der Monarchie rief der Tod der Ex-Kaiserin große Anteilnahme bei der Bevölkerung hervor. Am Bahnhof Wildpark kam der Sarg Auguste Viktorias an und tausende Potsdamer und Berliner standen geschlossen Spalier bis zur letzten Ruhestätte im Antikentempel im Park Sanssouci.

Kaiserbahnhof

Der Kaiserbahnhof am Wildpark erwachte erst nach 1945 wieder zum Leben. Nun rollten die Sowjets dort rote Teppiche aus, machten den Bahnhof Wildpark zum Endpunkt des „Blauen Express". Mit Zug und Salonwagen des Kaisers pendelten die Marschälle Sokolowski und Tschuikow mehrere Jahre zwischen Moskau und ihrer Kommandantur in Deutschland hin und her. Danach geriet der Bahnhof wieder in Vergessenheit und verfiel. Nach der Wende sollte er zur Uni-Bibliothek, zum Hotel oder Spielcasino ausgebaut werden. Über die endgültige Nutzung hat die Deutsche Bahn AG aber noch nicht entschieden.

Der Kaiserbahnhof am Wildpark war lange in Vergessenheit geraten, seine künftige Nutzung steht noch nicht genau fest

Daten zur Geschichte

27.2.1933: Reichstagsbrand

5.3.1933: Reichstagswahlen

12.3.1933: Wahlen zum Brandenburgischen Provinziallandtag und zu den Kommunalvertretungen

21.3.1933: „Tag von Potsdam" in der Potsdamer Garnisonkirche

23.3.1933: „Gesetz zur Behebung der Not von Volk und Reich" (Ermächtigungsgesetz)

7.4.1933: „Gesetz zur Gleichschaltung der Länder mit dem Reich"

12.11.1933: Reichstagswahlen mit der NSDAP als einziger zugelassener Partei

2.8.1934: Hindenburg stirbt, Hitler übernimmt das Amt des Reichspräsidenten, läßt die Reichswehr auf sich vereidigen

1.9.1939: Deutsche Truppen überfallen zum Teil von Brandenburg aus Polen, entfesseln den Zweiten Weltkrieg

April – Juni 1944: Wiederholte Luftangriffe auf Brandenburg, Cottbus, Erkner, Neuhausen, Rathenow, Oranienburg, Schwarzheide und Sorau

20.7.1944: Stauffenberg scheitert mit dem Bomben-Attentat auf Hitler

26.1.1945: Die ersten Truppen der Roten Armee erreichen bei Meseritz und Warthe brandenburgisches Gebiet

8.5.1945: Deutsche Kapitulation in Berlin-Karlshorst

Brandenburg im Dritten Reich

Nach der Machtübernahme der Nationalsozialisten im Januar 1933 begannen auch in Brandenburg düstere Zeiten. Durch ihre Nähe zur Reichshauptstadt Berlin war die Provinz direkter als andere in die Politik der NS-Diktatur eingebunden, vor allem in militärischer Hinsicht. Aber auch Hitler mußte sich zunächst an formale staatsrechtliche Regeln wie Verfassung und Gesetze halten. Er konnte nicht in einem Schritt von der parlamentarischen Demokratie zur Diktatur kommen, ohne Wahlen abzuhalten. Nachdem er jedoch die uneingeschränkte Macht innehatte, wurde die braune Ideologie allen Lebensbereichen und Berufszweigen aufgezwungen. Wer sich nicht fügen wollte, hatte keine Chance mehr – er wurde arbeitslos, vertrieben oder ermordet. Schließlich führte Hitler Deutschland und somit auch Brandenburg in den Zweiten Weltkrieg. Die Folgen waren unendliches Leid durch direkte und indirekte Kriegsfolgen, die Ermordung hunderttausender in den Konzentrationslagern und schließlich die Zerstörung der Städte.

Hitler inszeniert den „Tag von Potsdam"

Nach der Auflösung von Reichstag und Preußischem Landtag am 6. Februar mußte auf allen Ebenen neu gewählt werden. Allerdings gelang es der NSDAP bei der Wahl zum Reichstag am 5. März 1933 nur mancherorts, die Mehrheit der Bevölkerung hinter sich zu bringen. Während in Potsdam eine Mehrheit für die NS-Regierung war, stimmten etwa in Bernau nur 35,5 Prozent für die NSDAP, aber 50,5 Prozent für die Arbeiterparteien SPD und KPD.

Nach dem Reichstagsbrand inszenierte Hitler am 21. März 1933 den „Tag von Potsdam". In der Potsdamer Garnisonkirche trat der neugewählte Reichstag zu seiner Eröffnungssitzung zusammen. Die Feierlichkeiten waren eine gut durchdachte Propaganda-Aktion. Sogar das Datum wurde nicht dem Zufall überlassen. Einerseits symbolisierte der 21. März als Frühlingsbeginn einen Neuanfang, andererseits war er auch der Jahrestag, an dem Bismarck 1871 den ersten Reichstag des Deutschen Reiches konstituiert hatte. Ideologie und Tradition wurden symbolisch miteinander verbunden, der Geist des „alten Preußen" noch einmal beschworen.

Das ehrwürdige Gotteshaus war während der Feierlichkeiten bis auf den letzten Platz besetzt. In den Bänken drängten sich Regierungsmitglieder neben NSDAP-Abgeordneten und Generälen der kaiserlichen Armee sowie der Reichswehr. Der Platz des Kaisers war leer geblieben. Dahinter saß Kronprinz Wilhelm in Galauniform. Über dem Grab Friedrichs des Großen legte dann der greise Reichspräsident Hindenburg – Symbolfigur des alten Preußen – die Macht in die Hände des neuen Reichskanzlers Adolf Hitler.

Das neue Regime machte sich nicht nur ideologisch, sondern auch räumlich in Brandenburg breit: In Potsdam entstanden die Reichsführerschulen der Hitlerjugend, des BDM (Bund Deutscher Mädel) sowie des Reichs-

Das Glockenspiel an der Dortu-Ecke Yorckstraße – genau dort stand früher die Garnisonkirche

Wenn die Glocken läuten, erklingt „Üb' immer Treu und Redlichkeit"

arbeitsdienstes und in Bernau die Reichsführerschule der NSDAP. Viele Städte Brandenburgs bekamen Garnisonen. Für die Luftwaffe wurden in Döberitz, Fürstenwalde und Cottbus Flugplätze angelegt. Außerdem entstanden riesige Truppenübungsplätze wie für das Panzer-Regiment Nr. 6 in Neuruppin und Bernau. In der Oderstadt Frankfurt wurde eine Panzer-Abwehr-Abteilung aufgebaut. Potsdam entwickelte sich zur größten Garnison im Deutschen Reich.

Bis 1943 blieb Brandenburg weitgehend von Bombenangriffen der Briten und Amerikaner verschont, lediglich im Raum um Berlin gab es kleine Schäden. Ab Herbst 1943 gerieten aber neben Berlin auch immer mehr brandenburgische Städte unter Beschuß, vor allem wenn Industrie- oder Militäranlagen in der Nähe waren.

In Potsdam hatte sich ein Zentrum des Widerstandes gegen Hitler entwickelt. Angehörige der alten preußische Elite, die sich durch den „Tag von Potsdam" hatten blenden lassen und das neue System zuerst unterstützten, trafen sich hier, um es zu stürzen. Man plante ein Attentat auf Hitler. An den Vorbereitungen nahm neben Carl-Hans Graf von Hardenberg auch der in Potsdam lebende Henning von Tresckow teil. Er hatte bereits 1942 eine Bombe in Hitlers Flugzeug geschmuggelt, deren Zündung jedoch versagte. Auch das zweite Attentat am 20. Juli 1944, diesmal durch Stauffenberg, mißglückte. Als Henning von Tresckow davon erfuhr, er galt als treibende Kraft des Anschlags, war er verzweifelt und sprengte sich mit einer Handgranate in die Luft.

Garnisonkirche

1732 wurde die Garnisonkirche, drei Jahre später ihr 88 Meter hoher Turm errichtet. Das Gotteshaus war eins der wichtigsten Werke Potsdamer Barockarchitektur, gebaut für die rund 6.600 Christen des Militärstandes. Das Glockenspiel läutete zu jeder vollen Stunde „Lobe den Herrn" und zu jeder halben Stunde „Üb' immer Treu und Redlichkeit". In der Kirche wurden die berühmtesten Hohenzollern beigesetzt, allen voran Friedrich II. Am 14. und 15. April 1945 warfen 512 Kampfflieger rund 1.720 Tonnen Bomben auf Potsdam und zerstörten den historischen Stadtkern. Von 5.166 Gebäuden wurden 856 vernichtet und 248 schwer beschädigt. Auch die Garnisonkirche wurde getroffen, brannte aus. Allerdings wurde die Ruine erst 1968 auf Befehl Walter Ulbrichts gesprengt. Er wollte damit den „Geist von Potsdam" auslöschen – ein symbolischer Akt zur Abrechnung mit dem „preußischen Militarismus". Heute erinnert eine Nachbildung des Glockenspiels an der Dortu-Ecke Yorckstraße an den ehemaligen Standort des Sakralbaus.

Die Ufa-Studios in Babelsberg: Das Hollywood an der Havel wird zur Propagandamaschine

Die Filmstadt Babelsberg vor den Toren Berlins war in den 20er Jahren auf dem besten Weg, Hollywood Konkurrenz zu machen. Seit 1912 wurden auf dem Gelände Filme produziert. Es entstanden weltberühmte Werke wie „Metropolis" (1926) von Fritz Lang oder Josef von Sternbergs „Der blaue Engel" (1930) mit Emil Jannings und Marlene Dietrich.
Mit der Machtergreifung der Nazis änderten sich jedoch die Arbeitsbedingungen in künstlerischer wie auch ideologischer Hinsicht. Das Reichslichtspielgesetz (1933) war Basis für Zensur und Verbote; jüdische und linke Künstler wurden entlassen, vertrieben oder inhaftiert. Das Propagandaministerium unter Joseph Goebbels und die Reichsfilmkammer schufen neue Zwänge. Wer nicht arisch war, konnte nicht Mitglied der Filmkammer werden und keinen Filmberuf ausüben.
Bereits 1933 kam die Ufa Babelsberg den Machthabern mit drei „nationalen Großfilmen" entgegen, darunter der propagandistische Streifen „Hitlerjunge Quex". Neben national-patriotischen Filmen wie „Ein Mann will nach Deutschland" (1934) , „Verräter" (1936) und „Patrioten" (1937) entstanden aber weiterhin Unterhaltungsfilme wie „Die Csardasfürstin" (1934) und „Der Mann, der Sherlock Holmes war" (1937). Unterhaltung hatte eine bestimmte Funktion bekommen – sie war geistige Waffe, ästhetisierte die Politik und sollte das Bewußtsein der Menschen manipulieren.
Ab 1939 hatte der deutsche Film aber noch mehr zu leisten: Am Vorabend des Zweiten Weltkrieges diente er der geistigen Mobilmachung und sollte das Volk bei Laune halten. Die Bestimmungen für Filmschaffende wurden verschärft: Alle Projekte mußten vor Beginn und nach Beendigung dem Propagandaministerium zur Überprüfung vorgelegt werden.
Ende 1939 erweckte ein Filmprojekt Goebbels' besonderes Interesse: Veit Harlan hatte in Babelsberg mit den Arbeiten zu „Jud Süß" begonnen. Goebbels war begeistert: „Das wird der antisemitische Film... wie wir ihn uns nur wünschen können." Der Film sollte Pogromstimmung erzeugen und Juden als „lebensunwert" darstellen – ihre Vernichtung legitimieren.
Ende des Jahres 1940 produzierte die Ufa in Babelsberg einen wahren Kassenknüller. 23 Millionen Zuschauer sahen „Wunschkonzert" mit Stars wie Carl Raddatz, Ilse Werner, Marika Rökk und Heinz Rühmann. Der Durchhaltefilm von Eduard von Borsody zeigte ein opferbereites geeintes Volk, sollte mit Schlagern wie „Das kann doch einen Seemann nicht erschüttern" Optimismus und Glauben an den Kriegsgewinn vermitteln – der sich aber nicht einstellte.
Den Untergang vor Augen, produzierte Veit Harlan 1944 in Babelsberg „Kolberg", einen der letzten großen NS-Propagandafilme. Der Auftrag dazu kam von Goebbels: „Aufgabe dieses Films soll es sein, ... zu zeigen, daß eine in Heimat und Front gemeinsame Politik jeden Gegner überwindet." Der Film schildert, wie der Zivilist Nettelbeck (Heinrich George) gegen den Widerstand des Militärs eine Bürgerwehr gründet, die Kolberg im preußisch-französischen Krieg 1806/07 vor den Soldaten Napoleons rettet.

Daten zur Geschichte

1912: In Babelsberg wird der erste Stummfilm gedreht – „Der Überfall auf Schloß Boncourt"

1914: „Golem", der erste Film mit Massenszenen, entsteht auf dem Babelsberger Gelände

1917: Gründung der „Universum Film AG" – Ufa

1922: Die Ufa übernimmt die Ateliers der „Bioscop" auf dem Film-Gelände in Babelsberg

1926: Die Ufa beschließt den Bau einer riesigen Halle, in der mehrere Filme gleichzeitig gedreht werden können. Seit 1991 heißt sie „Marlene-Dietrich-Halle"

1927: Uraufführung von „Metropolis"

1929: Auf 3.500 Quadratmetern entsteht das „Tonkreuz". In Babelsberg können jetzt auch Tonfilme produziert werden

1930: Uraufführung von „Der blaue Engel"

1933: Gründung der Reichsfilmkammer

1934: Reichslichtspielgesetz

1945: Im Januar wird „Kolberg" in der Atlantikfestung von La Rochelle uraufgeführt

1946: Gründung der DEFA

Jud Süß und Kadetten

In „Jud Süß" spielte Ferdinand Marian die Rolle des Juden Oppenheimer, auf den alle gängigen antisemitischen Klischees übertragen wurden – Raffgier, Geiz, Hinterlist, Intriganz und Lüsternheit. Der in der literarischen Vorlage Lion Feuchtwangers clever gezeichnete Geschäftsmann, der für die Gleichberechtigung seiner Glaubensgenossen eintritt, wird im Film zum heimtückischen Schuft. Er unterwandert das „arische Volk" und „schändet die Rasse", indem er die blonde, keusche Dorothea (Kristina Söderbaum) vergewaltigt, die sich daraufhin umbringt.
1941 wurde ein Film in die Kinos gebracht, der bereits 1939 in Babelsberg entstanden war – „Kadetten". Er schildert das Schicksal Potsdamer Militär-Kadetten, die während des Siebenjährigen Krieges in russische Gefangenschaft geraten. Wegen des deutsch-russischen Nichtangriffspaktes war der Film zurückgehalten worden, nun sollte er für den Kampf gegen den „jüdisch-bolschewistischen Weltfeind" motivieren.

Die Botschaft ist deutlich: Alles wird gut, wenn das „Volk“ wie „ein Mann“ hinter „seinem Führer“ steht.
Anfang 1945 kam der Film in die Kinos, zwei Monate später gab die deutsche Wehrmacht das reale Kolberg auf, die Rote Armee marschierte auf Berlin. Bomben fielen auf das Ufa-Produktionsgelände. Am 24. April wurde Babelsberg von sowjetischen Truppen besetzt – vorerst war die letzte Klappe in der größten deutschen Filmfabrik gefallen.

Das Tonkreuz auf dem Babelsberger Filmgelände ermöglichte die Produktion von Tonfilmen ab 1929

Dreharbeiten zu „Kolberg“ – einer der letzten NS-Propagandafilme

Information

Im **Filmmuseum Potsdam** (Tel.: 0331-271810) im **Marstallgebäude**, Schloßstraße, ist die Geschichte der **„Filmstadt Babelsberg“** dokumentiert.

Komödien und Revuen

Während des Krieges flohen die Menschen aus dem grausamen Alltag in die illusionäre Welt der Kinos. Dort wollten sie für kurze Zeit Bombenangriffe und Elend vergessen. Unzählige Romanzen, Revuen, Komödien und Lustspiele sollten ablenken. Dabei wurde auf aktuelle Anspielungen und den „Deutschen Gruß“ verzichtet – nichts sollte das Kinoglück stören. Besonders erfolgreich wurden „Münchhausen“ (1943) mit Hans Albers als Lügenbaron und „Die Feuerzangenbowle“ (1944) mit Heinz Rühmann als Pennäler Pfeiffer.
Die Filmstadt zog auch dauerhaft Prominenz nach Babelsberg. Ufa-Stars wie Brigitte Horney, Marika Rökk und Heinz Rühmann bezogen direkt neben dem Produktionsgelände eigene Villen am Ufer des Griebnitzsees.

Von der DEFA bis heute

Kurze Zeit nach Kriegsende wurde auf dem Babelsberger Gelände wieder gedreht. Erster DEFA-Film wurde Wolfgang Staudtes „Die Mörder sind unter uns“. Zu DDR-Zeiten entstanden wieder hunderte Spielfilme in Babelsberg, darunter neben propagandistischen Streifen, die sozialistische Helden preisen („Ernst Thälmann – Sohn seiner Klasse“) auch unzählige schöne Kinder- und Märchenfilme wie „Der kleine Muck“. Die DEFA produzierte auch Werke, die der SED-Führung nicht genehm waren, wie etwa „Spur der Steine“ mit Manfred Krug. Seit 1992 ist Volker Schlöndorff Geschäftsführer in Babelsberg. Die Produktionshallen werden wieder für internationale Projekte genutzt. Beispielsweise entstanden hier Teile der „Unendliche Geschichte II und III“. Filmfreunde können sich vor Ort alles genau ansehen. Die **„Studiotour Babelsberg“** (Tel.: 0331-7212755) in der August-Bebel-Straße 25-53 (Eingang Großbeerenstraße) zeigt neben Filmkulissen auch Actionkino und Stuntshows.

Häftlingsbaracken im einstigen KZ Sachsenhausen

150.000 Tote: Die Konzentrationslager in Oranienburg und Ravensbrück

Selbst ein halbes Jahrhundert konnte die Wunden nicht heilen: Leid und Grauen blieben gegenwärtig. 50 Jahre nachdem sie befreit wurden, kehrten im April 1995 rund 2.700 ehemalige Häftlinge zu den Orten zurück, die für sie die Hölle waren. Männer und Frauen aus aller Welt waren wieder nach Brandenburg gekommen, um in den einstigen Konzentrationslagern Sachsenhausen und Ravensbrück den Toten zu gedenken, die hier von den Nationalsozialisten ermordet wurden. Heute sind die beiden KZ und das Zuchthaus Brandenburg-Görden Symbol des Leidens. Etwa 400.000 Menschen wurden hier eingesperrt und gequält. Rund 150.000 starben – durch Hunger, Krankheit, grausame Arbeitsbedingungen, medizinische Experimente, in Gaskammern oder Erschießungsanlagen.

Der Tor zur Hölle sieht harmlos aus – der Eingang zum KZ Sachsenhausen, nördlich von Berlin

Daten zur Geschichte

12.7.1936: 1.000 Häftlinge beginnen mit dem Aufbau des KZ Sachsenhausen

9./10.11.1938: „Reichskristallnacht". Synagogen in Potsdam, Brandenburg, Frankfurt, Wriezen, Bad Freienwalde, Prenzlau und Eberswalde werden zerstört, rund 6.000 Juden nach Sachsenhausen verschleppt

15.5.1939: In Ravensbrück wird das größte deutsche Frauen-KZ fertig. Drei Tage später kommen die ersten 867 Häftlinge

1940: Errichtung einer Hinrichtungsstätte im neuen Zuchthaus Brandenburg-Görden. Dort sterben bis April 1945 rund 2.000 politische Gefangene aus 17 Ländern Europas.

Januar bis September 1940: In der „Landespflegeanstalt B" (das alte Zuchthaus Brandenburg) werden in der sogenannten Aktion T 4 (der „Euthanasie") 9.772 Kranke und Pflegebedürftige aus Neuruppin, Wittstock, Eberswalde, Brandenburg/Havel und Berlin-Buch getötet

26.2.1941: Der Einsatz von Häftlingen aus Sachsenhausen und Ravensbrück in Berliner und Brandenburger Rüstungsbetrieben beginnt

20.4.1945: 30.000 Häftlinge aus Sachsenhausen werden auf einen Todesmarsch durch Nordbrandenburg getrieben

22.4.1945: Die Rote Armee befreit Sachsenhausen

27.4.45: Todesmarsch von 20.000 Häftlingen aus Ravensbrück

30.4.1945: Die Rote Armee befreit Ravensbrück

Im Schatten der Olympischen Spiele 1936 in Berlin wurde das KZ Sachsenhausen bei Oranienburg aufgebaut. Hier sollten, wie später auch in Ravensbrück und in Brandenburg-Görden, politische Gefangene aus Berlin inhaftiert werden. Bereits Ende 1936 waren in Sachsenhausen 2.000 Menschen eingepfercht. In den 51 Baracken (konzipiert für je 146 Menschen) mußten bis zu 400 Männer hausen.

Nach der Reichsprogrom-Nacht am 9.11.1938 („Reichskristallnacht"), in der unzählige jüdische Geschäfte und Synagogen zerstört wurden, sind 6.000 Juden nach Sachsenhausen verschleppt worden. Im Jahr darauf drängten sich hier bereits 12.168 Menschen aus Deutschland, Polen und der Tschechoslowakei. Die SS ließ sich immer neue, mörderische Schikanen einfallen: Die geschwächten Häftlinge mußten etwa bei 26 Grad Kälte stundenlang auf dem Appellplatz stramm stehen – hunderte starben.

Nachdem das Lager im April 1940 ein Krematorium bekam, begann die Vernichtung im großen Stil. Zwischen September und November 1941 wurden 18.000 russische Kriegsgefangene in Lastern vergast oder erschossen. Am 20. Januar 1942 beschlossen die Nazis bei der „Wannsee-Konferenz" die „Endlösung der Judenfrage". Danach wurden alle Juden aus Sachsenhausen zur Vernichtung nach Auschwitz und Majdanek transportiert. Im gleichen Jahr begann der Bau der „Station Z" – eine Vernichtungsanlage, die ab 1943 eine Gaskammer hatte. Während einige Häftlinge im Lager Falschgeld herstellen mußten, wurden andere zur Arbeit in Rüstungsbetrieben wie Siemens, AEG, DEMAG-Panzer, Heinkel-Flugzeuge, Henschel, Daimler Benz oder IG-Farben gezwungen.

Zum Gedenken an die Toten – das Mahnmal am Schwedtsee

Als sowjetische und polnische Soldaten am 22. April 1945 das Lager befreiten, fanden sie Leichenberge und 3.000 zum Skelett abgemagerte Menschen. Die SS hatte die anderen 33.000 Lagerinsassen zuvor auf einen „Todesmarsch" in Richtung Ostsee getrieben. Von den insgesamt 204.000 Menschen aus 50 Nationen war die Hälfte gestorben.

Etwa 90 Kilometer nördlich von Berlin entstand 1938 bei Fürstenberg das Frauen-KZ Ravensbrück – die „Hölle am Schwedtsee". Bis 1945 waren dort 132.000 Frauen, Kinder und Jugendliche eingesperrt. Im Alltag hieß das Hunger, Krankheit, Verzweiflung – und „Vernichtung durch Arbeit": Die Frauen schufteten sich im Straßenbau zu Tode oder mußten in der Industrie Zwangsarbeit leisten. Ab 1943 lief im KZ Tag und Nacht ein Krematorium, um die Toten aus 20 Ländern zu beseitigen. Als in der Nacht vom 29. auf den 30. April die Sowjets ins Lager kamen, waren dort nur noch 2.000 Menschen. Wie in Sachsenhausen hatte die SS 20.000 Frauen auf den „Todesmarsch" in Richtung Ostsee getrieben.

In der „Hölle am Schwedtsee" starben etwa 50.000 Menschen – ihre Asche hatte die SS in den See kippen lassen. Auf dessen Grund liegt sie noch heute. „Es tut uns allen gut zurückzukehren", sagte eine einstige Insassin im April 1995. „Man muß sich der Erinnerung aussetzten, um das Grauen zu verarbeiten."

Speziallager Nr. 7

Von 1945-1950 nutzte die sowjetische Besatzungsmacht Sachsenhausen als „Speziallager Nr. 7". Hier wurden ehemalige Mitglieder der NSDAP, SS, NS-Verwaltung und Wehrmacht, Kriegsgefangene sowie Gegner des SED-Regimes inhaftiert. Im einstigen KZ wurden erneut 50.000 Menschen eingesperrt – 15.000 bis 20.000 starben.

Gedenkstätten

Der Tod in **Ravensbrück** hatte viele Gesichter: An hunderten Frauen führten SS-Ärzte „medizinische Experimente" durch. Sie spritzten ihnen ätzende Flüssigkeiten in die Gebärmutter oder infizierten sie mit Bazillen, um die Heilwirkung von Sulfonamiden zu testen.

Zwischen 1941 und 1945 wurden auch 20.000 Männer in Ravensbrück inhaftiert. Etwa 1.000 „unbequeme" Jugendliche sperrten die Nazis ins nahegelegene „Jugendschutzlager Uckermark". Seit 1959 gibt es die **„Nationale Mahn- und Gedenkstätte Ravensbrück"**. Ein Teil des einstigen KZ nutzte die Russische Armee bis 1993 als Kaserne. Heute sind im KZ-Zellenbau Gedenkräume für die Opfer. Ein Museum (Tel.: 033093-39241) dokumentiert die Lagergeschichte.

Informationen zur **Mahn- und Gedenkstätte Sachsenhausen** unter Tel.: 03301-803715.

Blumen am Verbrennungsofen des Krematoriums in Ravensbrück

Daten zur Geschichte

30.1.1945: Sowjetische Truppen überschreiten die Oder bei Küstrin, bilden bei Kienitz einen Brückenkopf. An 100 Kilometern Oder-Ufer steht die Rote Armee

16.4.1945: Mit dem Angriff der 1. Belorussischen und der 1. Ukrainischen Front beginnt bei Seelow die Schlacht um Berlin – 45.000 Soldaten sterben

20.–30.4.1945: Kesselschlacht in den Wäldern von Teupitz, Märkisch-Buchholz, Baruth und Halbe – 60.000 Soldaten und Zivilisten kommen ums Leben

8.5.1945: Bedingungslose Kapitulation Deutschlands vor den alliierten Mächten

Seelower Höhen – der Krieg nähert sich dem Ende

Im April 1945 kehrte der Krieg dorthin zurück, von wo aus Hitler ihn gestartet hatte – nach Berlin. Aber die Entscheidungsschlacht um die Reichshauptstadt wurde in Brandenburg ausgetragen. Für die Sowjets war klar: Der Schlüssel zu Berlin liegt an der Oder. Die Seelower Höhen zwischen Frankfurt und Küstrin wurden zum größten Schlachtfeld auf deutschem Boden.

Am 16. April startete die Rote Armee ihre Schluß-Offensive: Der Tag war erst wenige Stunden alt, als Geschützdonner über die Oder hallten und

Der Soldatenfriedhof bei Halbe, südlich von Berlin. In den Gräbern sind rund 22.000 Menschen beerdigt

Granaten die Erde erbeben ließen. 143 Flakscheinwerfer machten die Nacht mit gleißendem Licht zum Tag. Flugzeuge rasten über den Fluß und warfen Bomben im Hinterland auf gegnerische Stellungen – die Detonationen waren bis Berlin zu hören. Jetzt wollte die Rote Armee den Krieg endgültig beenden, kämpfte mit bisher ungekannter Stärke: Zweieinhalb Millionen Menschen, 41.600 Granatwerfer, 6.250 Panzer und Sturmgeschütze, 7.500 Kampfflugzeuge. Stalin hatte den Beginn der Offensive für den 16. April festgelegt und gefordert, daß spätestens 15 Tage danach die Reichshauptstadt einzunehmen sei. „Wir durften kein Risiko eingehen", sagte später General Schtemenko. „Denn politische wie auch militärische Konsequenzen eines Mißerfolges in der Schlußetappe

des Krieges konnten für uns nicht wiedergutzumachende Folgen haben.“ Die Wehrmacht war personell und materiell unterlegen: Zudem war die Kampfmoral der Truppen geschwächt, täglich desertierten Soldaten. Alle noch verfügbaren Einheiten wurden zwischen Berlin und der Oder zur „Heeresgruppe Weichsel“ konzentriert und durch die Aufstellung des „Volkssturms“ verstärkt – schlecht ausgerüstete alte Männer und „Hitlerjungen“. Eine Million Menschen sollten an den Seelower Höhen einen Kampf führen, der schon vor Beginn verloren war.
Zwar gelang es der Roten Armee an den ersten zwei Tagen der Schlacht nicht, in die deutschen Verteidigungslinien einzubrechen, aber am dritten Tag wendete sich das Blatt. Die Kämpfe um die Seelower Höhen hatten ihren Höhepunkt erreicht und abends stand fest: Die Oderlinie war für die Wehrmacht verloren. Das Oderbruch war zum blutigsten Schlachtfeld auf deutschem Boden geworden: In nur drei Tagen hatten 33.000 russische und 12.000 deutsche Kämpfer den Tod gefunden.
Am 20. April (Hitlers 56. Geburtstag) erreichten Teile der Roten Armee die nordöstlichen Berliner Vorstädte. Obwohl der Krieg längst verloren war, wollten die Nationalsozialisten Berlin und Brandenburg noch immer nicht übergeben. „Fliegende Standgerichte“ der Wehrmacht sollten die Front stabilisieren, die Flucht deutscher Soldaten verhindern. Wer die Heimat nicht mehr verteidigen wollte, wurde an Straßenbäumen erhängt.
Ende April erreichten die Kämpfe in der Mark ihren Höhepunkt. Die 12. Deutsche Armee sollte von Süden her einen Keil in den sowjetischen Ring um Berlin treiben. Der Durchbruch gelang aber nicht und im Raum von Halbe kam es am 25. April zur letzten großen Kesselschlacht des Zweiten Weltkrieges. Etwa 200.000 deutsche Soldaten, Volkssturmmänner und Hitlerjungen waren dort von Truppen der Roten Armee eingeschlossen. Am 1. Mai schwiegen endlich die Waffen. Die sinnlose Schlacht hatte erneut blutigen Tribut gefordert: Allein am Ortsrand und in den Straßen von Halbe (1.300 Einwohner) lagen 8.000 Tote. Insgesamt waren rund 60.000 Soldaten und Zivilisten bei den Kämpfen umgekommen.

Seelow liegt nördlich von Frankfurt (Oder), über die B 167 zu erreichen.

Ein russischer Panzer als Mahnmal für die Kriegsgefallenen

Gedenkstätten

In **Lietzen** bei Seelow befindet sich der zentrale Umbettungsfriedhof Ostbrandenburgs für deutsche Kriegsgefallene mit rund 1.100 Gräbern. Noch immer werden auf den Seelower Höhen Überreste gefallener Soldaten gefunden. Nach Angaben des Potsdamer Innenministeriums haben rund 30.000 am Ende des Zweiten Weltkrieges gefallene deutsche Soldaten keine würdige Grabstätte. Zu DDR-Zeiten waren die Gräber in Lietzen tabu, denn offiziell wurden deutsche Soldaten als Mittäter betrachtet. Daher wurden auf dem **Soldatenfriedhof** auf den **Seelower Höhen** nur die rund 33.000 gefallenen sowjetischen Armeeangehörigen geehrt.

Die **Gedenkstätte Seelower Höhen** hat neben einem Denkmal für gefallene russische Soldaten auch ein **Museum.** Eine Ausstellung dokumentiert die Schlacht mit Fotos, Karten und Tagesbefehlen beider Streitkräfte. Es werden auch Erkundungen des **Oderbruchs** angeboten, wie etwa Reiserouten zu den früheren Brückenköpfen in **Reitwein** und **Kienitz**, zu den alten **Festungsanlagen in Küstrin-Kietz**, aber auch in den **Kunstspeicher Friedersdorf**. Gedenkstätte Seelow in der Küstriner Straße 28a, Tel.: 03346-597

1951 wurde in **Halbe** ein 6,5 Hektar großer **Zentralfriedhof** für die Toten der Kesselschlacht angelegt. In den Einzel- und Massengräbern sind über 22.000 Menschen begraben: Soldaten beider Seiten, Feldgendarme, Flakhelfer, Frauen und Kinder. Hier liegen „Deserteure und Wehrkraftzersetzer“ neben SS-Angehörigen, die Hinrichtungen durchführten – ein Ort der Opfer und Täter.

1967 richteten die Sowjets in **Berlin-Karlshorst** ein **Kapitulationsmuseum** ein. Nach der Wende wurde vereinbart, hier künftig gemeinsam an das Kriegsende zu erinnern. Das Museum in der Zwieseler Straße 4 wurde im Mai 1995 neueröffnet, Tel.: 030-5088329.

Daten zur Geschichte

28.11.–1.12.1943: Konferenz von Teheran

4.–11.2.1945: Konferenz von Jalta

8.7.1945: Die Sowjetische Militäradministration in Deutschland (SMAD) richtet in der sowjetischen Besatzungszone fünf Länder ein: Brandenburg, Mecklenburg, Thüringen, Sachsen-Anhalt, Sachsen

17.7.–2.8.1945: Konferenz von Potsdam

6. und 9.8.1945: Atombomben fallen auf Hiroshima und Nagasaki

1947: Auflösung Preußens durch Alliierten Kontrollrat. Provinz Brandenburg erhält Bezeichnung Land

1952: Land Brandenburg wird in die Bezirke Potsdam, Frankfurt und Cottbus aufgeteilt

Beginn der Teilung

Während noch in Jalta die Teilung Deutschlands in mehrere Staaten befürwortet wurde, war in Potsdam keine Rede mehr davon. Vielmehr wurde beschlossen, „wesentliche deutsche Zentralverwaltungen unter der Oberhoheit des Alliierten Kontrollrates aufzubauen und lokale Selbstverwaltungen nach demokratischen Grundsätzen wiederherzustellen." Die oberste Gewalt in Deutschland sollte von den Oberbefehlshabern der alliierten Streitkräfte ausgehen „nach den Weisungen ihrer Regierungen, und zwar von jedem in seiner Besatzungszone" – das war die Basis für die spätere Teilung Deutschlands.

Der Befehl kam aus Potsdam

US-Präsident Truman hatte sein „Little White House" in einer Villa in der Karl-Marx-Straße 2. Dort fällte er eine folgenschwere Entscheidung: Am 24. Juli hatte er den Befehl zum Atombombenabwurf über Japan erteilt. Die Explosionen am 6. August über Hiroshima und drei Tage später über Nagasaki beendeten zwar endgültig den Zweiten Weltkrieg, leiteten aber zugleich eine neue Dimension des Vernichtungskrieges ein: In wenigen Minuten starben 146.000 Menschen, Zehntausende wurden verletzt und obdachlos. Die Städte waren dem Erdboden gleichgemacht worden.

Nachkriegszeit in der Mark

Im Frühjahr 1945 ist das Dritte Reich zusammengebrochen. Nach fünf Jahren, acht Monaten und neun Tagen ist der Krieg in Europa vorbei. Die Staatschefs der Siegermächte reisen nach Potsdam, schaffen im Schloß Cecilienhof die Voraussetzungen für die Teilung Deutschlands. Bald darauf bezieht die Rote Armee feste Quartiere im Osten, richtet im Brandenburger Wünsdorf ihr Oberkommando der Westtruppen ein. Die SED-Machthaber führen die sozialistische Planwirtschaft ein und an der Grenze zu Polen wird eine neue Stadt aus dem Boden gestampft – Stalinstadt. Die Anziehungskraft des neuen Systems läßt aber immer mehr nach, viele Ostdeutsche verlassen das Land. Der „Kalte Krieg" gipfelt schließlich im Bau der Mauer. Die Grenze trennt Brandenburg nun von West-Berlin, verläuft quer über Straßen oder durch Bauwerke wie die Glienicker Brücke. Ehemalige Nachbarn sind plötzlich Menschen verschiedener Staaten. Jahrzehnte der Trennung beginnen. Während dieser Zeit entfernen sich die Machthaber immer weiter von der eigenen Bevölkerung, zugleich wird die Überwachung durch das Ministerium für Staatssicherheit (MfS) ausgebaut.

Stalin, Churchill und Truman tagen in Cecilienhof

Rund neun Wochen nach Kriegsende blickte die ganze Welt auf Potsdam: In Schloß Cecilienhof trafen sich die „Großen Drei": Harry S. Truman (Nachfolger von Roosevelt), Winston S. Churchill und Josef W. Stalin. Sie wollten über die Zukunft Deutschlands beraten, schufen aber die Basis für die folgende jahrzehntelange Teilung des Landes und Europas.
Die Delegationen der Siegermächte logierten in je sechs bis acht Villen in Potsdam-Babelsberg. Wie Berlin war der Ort in drei Sektoren aufgeteilt – durch Schlagbäume und Landeswappen voneinander getrennt. Im letzten Hohenzollern-Schloß Cecilienhof (erbaut 1914–1917) wurden 36 Räume und die große Halle renoviert, mit Möbeln anderer Potsdamer Schlösser ausgestattet. Bis März 1945 hatten Kronprinz Wilhelm, seine Frau Cecilie und die Kinder Wilhelm und Louis Ferdinand in Cecilienhof gelebt. Für die Konferenz pflanzte man im Innenhof einen fünfzackigen Stern aus roten Rosen, Geranien und blauen Hortensien.
US-Präsident Truman und der britische Premier Churchill erreichten Potsdam am 15. Juli und bezogen Villen am Griebnitzsee. Stalin, Generalsekretär der KPdSU, kam am 16. Juli per Sonderzug in Potsdam an. Die einstigen Wohnräume des Kronprinzenpaars im Schloß wurden nun Arbeitsräume. Der „Weiße Salon", ursprünglich Musiksalon, war für die sowjetische Delegation Empfangsraum. Im „Roten Salon" (Cecilies Schreibzimmer) befand sich Stalins Arbeitsplatz. Truman nutzte das Rauch- und Wohnzimmer, Churchill das Bibliotheks- und Lesezimmer.
Am 17. Juli um 17.10 Uhr begann die Konferenz in der zweistöckigen

Das letzte Schloß der Hohenzollern, Schloß Cecilienhof, wurde im englischen Landhausstil erbaut

Halle. Das Treffen wurde das längste und letzte der „Großen Drei“, die sich 1941 zur „Anti-Hitler-Koalition“ zusammengeschlossen und auf den Konferenzen von Teheran und Jalta ihre Politik festgelegt hatten.
Die Regierungschefs trafen sich täglich um 17 Uhr am 3,05 Meter großen, runden Verhandlungstisch. Als Konferenz-Vorsitzender saß Truman in der Mitte, neben ihm sein Außenminister Byrnes. Rechts saßen Stalin und Außenminister Molotow, links Churchill mit Außenminister Eden und Clement Attlee (Oppositionsführer der Labour Party).
Schon zu Beginn zeigte sich, daß in der „Anti-Hitler-Koalition“ verschiedene Ansichten und Forderungen existierten. Zwar hatten sich Stalin und Truman bei ihrem ersten Treffen am Mittag des 17. Juli geeinigt, daß die SU in den Krieg gegen Japan eintreten sollte – aber schon bei der Frage nach den deutschen Reparationen teilten sich die Meinungen. Man konnte sich nicht auf konkrete Beträge einigen, sondern legte fest, daß jede Besatzungsmacht ihre Ansprüche aus den eigenen Zonen befriedigen sollte.
Am 25. Juli nahm Churchill letztmals an der Konferenz teil, die ausnahmsweise um 11 Uhr begonnen hatte. Danach reiste er mit Byrnes nach London, um das Ergebnis der Unterhauswahlen zu erfahren. „Wir werden zur Nachmittagssitzung des 27. Juli zurück sein – zumindest einige von uns“, sagte er zum Abschied. Die Konferenz wurde zwei Tage unterbrochen. Churchill kehrte aber nicht zurück, er hatte abdanken müssen. Clement Attlee führte als Nachfolger die Verhandlungen weiter.
Am 2. August, nach 13 Sitzungen, unterzeichneten Truman, Stalin und Attlee um 0.30 Uhr ihre Vereinbarungen, die politische und wirtschaftliche Grundlagen zur Besetzung Deutschlands regelten. Weitere Punkte bezogen sich auf Entmilitarisierung, Entnazifizierung und die Bestrafung von Kriegsverbrechern. Das „Potsdamer Abkommen“ hatte die deutsch-polnische Grenze festgelegt, Königsberg und Teile Ostpreußens unter sowjetische Verwaltung gestellt.

Touristische Tips

Als Teil der Potsdamer **Kulturlandschaft** wurde **Cecilienhof** von der UNESCO auf die Liste des „Weltkulturerbes“ gesetzt. Der einstige Wohnsitz der Kronprinzenfamilie im **Neuen Garten** ist **Gedenkstätte** der „Stiftung Preußische Schlösser und Gärten Berlin-Brandenburg“ (Tel.: 0331-9694244) und kann besichtigt werden. Die Räume der **„Potsdamer Konferenz“** wurden schon in den 50er Jahren von der DDR zur **„Historischen Gedenkstätte“** erklärt. Über 12 Millionen Besucher aus 150 Ländern besichtigten bisher die Zimmer, in denen Truman, Stalin, Churchill und Attlee arbeiteten und verhandelten. Nach einer Neukonzipierung der Ausstellung 1993 werden heutige Besucher über die Funktion der Räume unter den Hohenzollern sowie zur Zeit der Dreimächtekonferenz informiert.

Information

Potsdam-Information, Friedrich-Ebert-Straße 5, Tel.: 0331-291100.

Der fünfzackige Stern im Innenhof des Schlosses

Daten zur Geschichte

1906: Eröffnung des Truppenübungsplatzes

April 1911: Zehrensdorf wird für die Erweiterung des Truppenübungsplatzes geräumt

1917: Fertigstellung der Militär-Turnanstalt (später das russische Haus der Offiziere)

2.6.1919: Rosa Luxemburgs Leiche wird nach Wünsdorf gebracht. Im Garnisonslazarett wird ein Pistolen-Nahschuß als Todesursache festgestellt

1921: Zehrensdorf wird wieder besiedelt

15.10.1935: Wünsdorf wird als ständige Garnison Berlin zugewiesen, Truppenteile ziehen in die Kasernen

1936: Zehrensdorf wird erneut geräumt

1937: Baubeginn der Bunkeranlagen „Zeppelin", „Maybach I" und „Maybach II" (1938)

25.8.1939: Das Oberkommando des Heeres zieht von Berlin nach Wünsdorf

21.4.1945: Die Rote Armee besetzt Wünsdorf und Zossen

9.6.1945: Marschall Shukow, Chef der sowjetischen Besatzungstruppen, bezieht in Wünsdorf Quartier

10.10.1949: Auflösung der SMAD und formelle Übergabe der Regierungsgewalt an die DDR

17.6.1953: Aufstand in Berlin und anderen DDR-Städten

13.8.1961: Beginn des Mauerbaus

31.8.1994: Die russischen Soldaten verlassen Wünsdorf

Die Trümmer eines gesprengten Luftschutzturmes in Wünsdorf

Die Russen kommen – Wünsdorf wird „verbotene Stadt"

Schlagbäume, hohe Mauern und Posten mit Kalaschnikows: 49 Jahre lang war Wünsdorf bei Zossen eine „verbotene Stadt". Nur etwa 40 Kilometer südlich von Berlin hatte die Rote Armee 1945 den Militärstandort bezogen und dort bis 1994 das „Oberkommando der Westgruppe der Roten Armee" untergebracht. Neben den rund 2.700 Einwohnern des kleinen Ortes lebten hier bis zu 60.000 Russen.

Die Rote Armee bezog einen Standort mit Tradition. Bereits 1906 hatte der Generalstab des kaiserlichen Heeres beschlossen, bei Wünsdorf einen Truppenübungsplatz anzulegen. 1910 wurde auf dem Gelände die Infanterie-Schießschule eröffnet. Ein Jahr später folgte die Erweiterung des Truppenübungsplatzes – die Einwohner der Gemeinde Zehrensdorf mußten ihre Häuser räumen. Zehn Jahre darauf durften jedoch einige Gebäude in Zehrensdorf wieder bewohnt werden. Bis 1935 wuchs die Kasernenfläche auf etwa 175 Hektar an. Ein Jahr später müssen erneut alle Zehrensdorfer ausziehen. Ihre Häuser und Höfe wurden zum Üben für den „wirklichkeitsnahen Häuserkampf" benötigt.

1937 begannen die Nazis mit dem Bau der Bunkeranlagen „Maybach I", „Maybach II" und „Zeppelin" – die größte Fernmeldezentrale der Heeresführung mit 4.000 Räumen und bis zu 400 Meter langen Gängen. Wünsdorf wurde Hauptführungsstelle des Generalstabs des Heeres. Von hier wurde Hitlers Kriegsmaschinerie bis 1945 gelenkt. Am 20. April räumte die Wehrmacht das Gelände, am 21.4. besetzte es die Rote Armee.

Bereits im Juni 1945 bezog der Oberkommandierende der sowjetischen Besatzungstruppen, Marschall Shukow, in Wünsdorf Quartier. 1953 zog das Oberkommando der Sowjetischen Streitkräfte in Deutschland von Berlin-Karlshorst nach Wünsdorf. Zur Abschirmung sperrte man die Straße nach Baruth zwischen Zossen und Wünsdorf. Rund 500 Wünsdorfer, die östlich der Bahnlinie lebten, mußten Häuser und Geschäfte räumen. Um das knapp 600 Hektar große Militärgelände wurde eine Mauer gezogen.

Nun wurde von der Militärstadt aus auch Politik gemacht. Am 17. Juni 1953 verhängte Generaloberst Gretschow als Reaktion auf die Arbeiterunruhen in Berlin und anderen DDR-Städten den Ausnahmezustand. „Die verbotene Stadt" wurde vier Wochen lang politisches und militärisches Führungszentrum der „souveränen" DDR.

Im Sommer 1961 wurde Marschall Konew zeitweise Truppenchef. Er sollte den Mauerbau am 13. August in Berlin absichern. Am Schreibtisch, wo einst Marschall Paulus den Plan „Barbarossa" (der Überfall auf die Sowjetunion) ausgearbeitet hatte, verfaßte Konew ein Schreiben an DDR-Verteidigungsminister Heinz Hoffmann mit den Auflagen für das neue Grenzregime: Minenfelder und Entsiedlung des Grenzstreifens.

Im Mai 1977 bekam Wünsdorf einen zweiten Bahnhof nur für das Militär. Von ihm fuhren zweimal täglich Züge direkt nach Moskau. Kontakt zur zivilen Bevölkerung bekamen die russischen Soldaten während der gesamten Zeit kaum – er war verboten. Als Sitz des Oberkommandos hatte

Wünsdorf Vorzeigecharakter. Es gab eine Brotfabrik, Kaufhäuser, Kinos, Schulen, Schwimmbad und Krankenhaus. Im Laufe der Zeit waren über 700 Gebäude auf dem knapp 600 Hektar großen Terrain entstanden. Viele Soldaten hatten ihre Familien nachkommen lassen.
Am 31. August 1994 räumte das „Oberkommando der Westgruppe der Roten Armee“ fluchtartig Wünsdorf, um den mit der Bundesregierung vereinbarten Termin einzuhalten. General Matwei Burlakow verließ als letzter „Klein-Rußland“. Zurück blieb eine Gespensterstadt mit ockerfarbenen und grauen Häusern, Lenindenkmal, vergessenem Kinderspielzeug in Wohnungen, gedeckten Tischen in Speisesälen, Resten gesprengter Bunker sowie tonnenweise Munitionsschrott.

Relikt aus alten Zeiten: Auf einer Rampe steht ein russischer Laster

Vor dem Haus der Offiziere steht eine bronzene Leninstatue

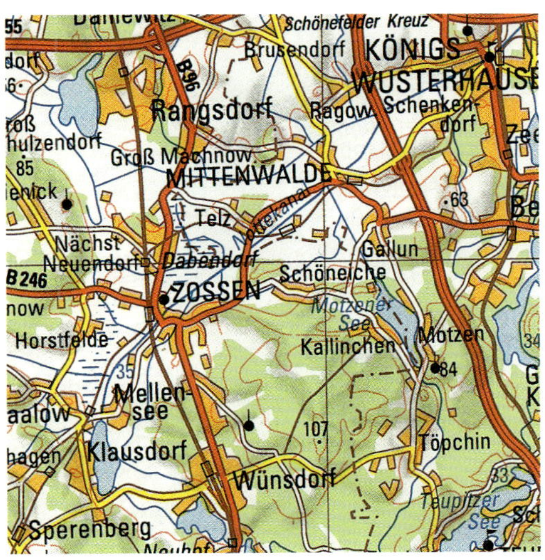

Wünsdorf liegt etwa 40 Kilometer südlich von Berlin. Von Lichtenrade aus fährt man am besten immer geradeaus über die B 96 nach Zossen. Von dort sind es nur noch wenige Kilometer bis Wünsdorf

Information

Tourist-Information in Rangsdorf, Seebadallee 63, Tel.: 033708-22384.

Die Zukunft Wünsdorfs

Wünsdorf soll bis zum Jahr 2005 eine Wohn- und Arbeitsstadt im Grünen für rund 10.000 Menschen vor den Toren Berlins werden. Die Erneuerung und Wiederherstellung von Versorgungsleitungen, Straßen und Anschlüssen kostet 2,5 Milliarden Mark. Allein 1995 stellte die Landesregierung Fördergelder in Höhe von knapp 90 Millionen Mark bereit. Bis 1998 sollen jährlich weitere 50 Millionen Mark zur Verfügung gestellt werden. In den Häusern sollen 3.500 Miet- und Eigentumswohnungen entstehen, außerdem sind 500 Neubauwohnungen geplant. Bis Ende 1996 sollen rund 1.000 Landesbedienstete in Wünsdorf arbeiten.
Nachdem der brandenburgische Munitionsbergungsdienst alle Gefahren beseitigt hatte, wurde im Oktober 1994 die Bundesstraße 96 wieder geöffnet. Experten schätzen, daß die Kampfmittelberäumung in der Garnisonstadt mindestens fünf Jahre dauern wird. Die Kosten für die Sicherung und Sanierung von Altlasten belaufen sich auf etwa 20 Millionen Mark. Flächenmäßig gehören 80 Prozent der Kasernenstadt zu Zehrensdorf – die Gemeinde, die 1936 von den Landkarten verschwand, offiziell aber nie aufgelöst worden war. 1995 wurde sie wieder ins Leben gerufen.

Daten zur Geschichte

21.8.1950: Grundsteinlegung für die EKO-Arbeiterstadt neben der Oderstadt Fürstenberg

1.1.1951: Grundsteinlegung des „Eisenhüttenkombinats Ost" (EKO)

1.2.1953: Die EKO-Wohnstadt wird aus der Verwaltung Fürstenbergs gelöst und wird selbständiger Stadtkreis

7.5.1953: Die EKO-Wohnstadt erhält den Namen „Stalinstadt"

17.6.1953: Arbeiter der Großbaustelle EKO schließen sich dem von Berlin ausgehenden Generalstreik an. Der Ausnahmezustand wird verhängt

1955: Rund 15.000 Menschen leben in Stalinstadt. EKO hat inzwischen sechs Hochöfen

1961: Stalinstadt erhält den Namen Eisenhüttenstadt, Fürstenberg wird eingemeindet

1980: Rund 50.000 Menschen leben in Eisenhüttenstadt

Januar 1995: EKO wird privatisiert. Der belgische Konzern Cockerill Sambre übernimmt den Betrieb

EKO heute

Noch heute ist das Schicksal Eisenhüttenstadts eng mit EKO verwoben. Nach der Wende stand EKO vor dem Abgrund, Kurzarbeit wurde eingeführt, Eisenhüttenstadt zur Stahl-Krisenregion erklärt. Von einst 12.300 Arbeitsplätzen blieben nur 2.500 übrig (plus weitere 2.500 durch Firmenausgründungen). Die von der Treuhand geleitete Privatisierung an die italienische Riva-Gruppe scheiterte im Mai 1994. Im Januar 1995 übernahm der belgische Konzern Cockerill Sambre EKO. Jährlich werden knapp zwei Millionen Tonnen Stahl produziert. 1997 sollen ein neuer Hochofen und ein Warmwalzwerk entstehen. Die neue Firmenleitung will 1,2 Milliarden Mark investieren, das Werk bis zur Jahrtausendwende zum modernsten Stahlwerk Europas ausbauen.

Auf dem Reißbrett entworfen – die Wohnstadt von Eisenhüttenstadt

Für Stahl aus dem Boden gestampft – Stalinstadt

Wälder mit Krüppelkiefern und märkischer Sand prägten bis 1950 das Gebiet zwischen der Oderstadt Fürstenberg und dem Pohlitzer See. Doch mit dem Beschluß des Dritten Parteitages der SED im Juli 1950 wurde die Idylle an der polnischen Grenze beendet. Hinter dem Oder-Spree-Kanal sollte ein Eisenwerk entstehen – und für die Arbeiter des Eisenhüttenkombinats Ost (EKO) eine ganze Stadt gebaut werden.

Beim Blick über Eisenhüttenstadt beherrschen die Anlagen von EKO den Eindruck

Am 18. August versammelte sich vor einem kleinen Kiefernwald bei Fürstenberg eine Menschenmenge – Bauern aus der Umgebung, „FDJ"-Gruppen, „Junge Pioniere" und Holzfäller. Überall flatterten schwarzrotgoldene und rote Organisationsfahnen, als Minister Fritz Selbmann mit einer Axt die erste Kiefer fällte. Nur drei Tage später war Grundsteinlegung für die erste sozialistische Stadt Deutschlands – Stalinstadt.
Im Januar 1951 begann der Bau des ersten EKO-Hochofens. Zwei Jahre später liefen bereits vier Öfen, um aus polnischer Kohle und sowjetischem Erz deutsches Eisen zu machen. Als Stalin starb, gab Walter Ulbricht, Staatschef der DDR, EKO den Namen „Hüttenkombinat J.W.Stalin". Im gleichen Tempo wie das Werk wuchs auch die am Reißbrett entworfene Wohnstadt: Das erste Viertel wurde im sowjetischen Zuckerbäckerstil aus dem Boden gestampft – lange, dreistöckige Gebäude mit Säulen, kleinen Fenstern und grauen Fassaden.
„Das Wunder an der Oder" sollte sozialistische Musterstadt werden – zum ersten Viertel gehörten deshalb neben drei Kindergärten ein Handwerkerkombinat mit Friseur, Schneider, Optiker, Uhrmacher und Schuhmacher sowie eine Waschanstalt mit 25 Waschmaschinen. Die staatliche Handels-

organisation (HO) und Konsumgenossenschaft betrieb 36 Geschäfte. 1954 lebten bereits rund 12.000 Menschen (Durchschnittsalter: 30 Jahre) in 54 Wohnblöcken (etwa 2.100 Wohnungen). Vor allem junge Facharbeiter, Techniker und Ingenieure hatte es in die neue Stadt gezogen – ihnen wurde überdurchschnittlicher Lohn und beste Wohnverhältnisse versprochen.
Dennoch: Das Leben in der jungen Stadt war nicht einfach. Die Stalinstädter kamen aus allen Teilen der Republik, hatten keine Gemeinsamkeiten. Kleine Kneipen, Kinos, ein Schwimmbad oder Theater gab es noch nicht. Einziger Treffpunkt wurde der „Aktivist", ein Lokal mit 600

Gigantische Maschinen, Eisenbahn und Rauchfahnen – das Stahlwerk in Eisenhüttenstadt

Plätzen. Bis 1955 entstand neben einem Theater auch das „Haus der Partei und der Massenorganisationen", 15.000 Menschen lebten inzwischen in der Stadt. Die meisten arbeiteten im Hüttenwerk, das mittlerweile sechs Hochöfen hatte. Die Bauherren bevorzugten nun Großplattenbauten. Unterschiedliche Treppenaufgänge und Balkone machten die Fassaden der Häuser abwechslungsreich. Die Wohnungen bekamen Müllschlucker und Fernheizung, kosteten 30 bis 50 DDR-Mark.
Bis 1960 war die Bevölkerung auf 25.000 Menschen angewachsen, die Zahl der Wohnungen hatte sich knapp verdreifacht. Die Wohnblocks waren in großen Rechtecken angeordnet, hatten parkähnliche Höfe in der Mitte. Überall gab es großzügige Grünflächen. Stalinstadt war der am meisten geförderte Industrieschwerpunkt der DDR. 1961 wurde Stalinstadt in Eisenhüttenstadt umbenannt.
1980 hatte die Stadt knapp 50.000 Einwohner. Errichtet wurden nur noch Plattenbauten (Typ: P2). EKO war größtes ostdeutsches Stahlwerk, hatte ein Kaltwalzwerk erhalten. Als die Mauer fiel, lebten über 52. 000 Menschen in Eisenhüttenstadt – die einzige Stadt der DDR, in der keine Rückgabeansprüche geltend gemacht wurden.

Information

Fremdenverkehrsverband Eisenhüttenstadt, Tel.: 03364-413690

Touristische Tips

Auf dem Stadtplan erscheint **Eisenhüttenstadt** wie ein auf der Spitze stehendes Dreieck. Die obere Hälfte nimmt EKO ein, mit seinen verzweigten Bahnlinien, Straßen und Hallen. Die Werksstraße endet genau dort, wo früher ein Arbeiter-Prunktor geplant war, das aber nie errichtet wurde. An dieser Stelle ist das Stadt-Zentrum, durch das sich ein Spaziergang an den zahlreichen Gebäuden im stalinistischen **„Zuckerbäckerstil"** lohnt. Die Lindenallee (früher Leninallee) führt von dort direkt in die Wohnstadt. Im Süden befinden sich Sozialeinrichtungen wie Krankenhaus, Schulen, Kindergärten. In der Erich-Weinert-Allee 2 öffnete 1995 das **Museum zur DDR-Alltagskultur** (Tel.: 03364-417355). Die Ausstellung präsentiert Gebrauchsgegenstände vom „Präsent-20-Anzug" und Plaste-Kannen über Robotron-Schreibmaschinen und FDJ-Hemden bis zu „Tempolinsen", einem typischen DDR-Lebensmittel.

Eisenhüttenstadt liegt etwa 25 Kilometer südlich von Frankfurt (Oder). Von dort kommt man am besten über die B 112 in die Stahlstadt, von Berlin aus über A 13 bis Mittenwalde, dann weiter über die B 246 über Beeskow nach Eisenhüttenstadt

Getrennt von Sacrow: Die Kirche hinter der Mauer

Amerikanische Panzer kontrollierten die Lage an der Berliner Friedrichstraße

Eine sanft hügelige Landschaft, die mehrhundertjährigen Laubbäume des Königswaldes und viel Wasser – Sacrow präsentiert sich wie ein verträumter Märchenort. Obwohl der Ortsteil im Norden Potsdams zwischen Havel und Jungfernsee zur brandenburgischen Landeshauptstadt gehört, scheint er doch weit weg von ihr zu liegen. Besonders idyllisch ist die Sacrower Heilandskirche direkt an der Havel gelegen – malerisch spiegelt sich der gelbe Backsteinbau mit Bändern aus blauen Fliesen im Wasser, die Wellen plätschern bis ans Podest des Gemäuers. Doch 28 Jahre lang durfte niemand das Gotteshaus betreten: Die Kirche lag im Niemandsland – auf dem Grenzstreifen zwischen West-Berlin und Brandenburg und wurde zum stillen Symbol der Trennung.

Das italienisch anmutende Gebäude mit dem freistehenden Glockenturm wurde 1841–44 errichtet. Es entstand nach Skizzen des preußischen Königs Friedrich Wilhelm IV. „Hier haben sie mein Geschmier, jetzt bringen sie Vernunft hinein“, sagte er seinem Baumeister Ludwig Persius. Der König interessierte sich sogar für die Gestaltung des Kirchen-Innenraums, bestimmte Holztäfelung, Stuckverzierungen und eine tiefblaue Tuchbespannung für die Decke, auf der tausende goldene Sterne funkeln. „Sogar für die Inschriften im Inneren wollte Seine Majestät höchstselbst die biblischen Stellen auswählen“, hatte Persius in seinem Tagebuch notiert. Außer im Winter kam Friedrich Wilhelm IV. vier Jahre lang sonntags per Boot von Potsdam nach Sacrow zum Gottesdienst. Dann zog er die Friedenskirche in Sanssouci vor.

Die Sacrower Heilandskirche blieb aber beliebtes Ausflugsziel. Erst mit dem Bau der Mauer 1961 geriet sie ins Abseits zwischen Ost und West. Gleich hinter der Kirche befand sich der Todesstreifen – das Gotteshaus wurde für die Gemeinde unerreichbar, konnte von den Bewohnern nicht einmal mehr gesehen werden. Nur noch Pfarrer Joachim Strauss hatte Zugang. Aber statt bisher zwei Kilometer von Nikolskoe nach Sacrow mußte er jetzt 21 bewältigen. Mühsam hielt er sich einen Weg durchs Dickicht zur Kirche frei. Weihnachten 1961 gab es den letzten Gottesdienst. Kurz darauf wurde die gesamte Ausstattung zerstört. Vermutlich von DDR-Grenzern, denn niemand sonst hatte im scharf bewachten Grenzstreifen Zutritt. Alles war kurz und klein geschlagen worden: Altar, Evangelisten, Bänke, Fenster und Taufstein. Der Pfarrer gab den Schlüssel ab.

West-Berliner, die per Dampfer auf der Havel vorbeifuhren, konnten den langsamen Verfall der Kirche beobachten. Schließlich wuchsen sogar Birken aus dem Dach. 1984/85 wurde das Bauwerk notdürftig repariert.

Nur wenige Kilometer weiter südlich hatte die deutsch-deutsche Grenze ein weiteres Bauwerk zum Sinnbild der Teilung gemacht – die Glienicker Brücke. Seit 1952 durften nur noch Zivilpersonen mit Sondergenehmigung passieren. Doch nach dem Mauerbau war auch damit Schluß. Die Grenze verlief genau in der Mitte der dreifeldrigen Stahlfachwerkbrücke. Nun wurde sie nur noch bei Nacht und Nebel betreten – für den Austausch von Agenten und die Abschiebung von Ostblock-Dissidenten. Aber erst

Daten zur Geschichte

1375: Sacrow wird im Landbuch Kaiser Karls IV. erstmals urkundlich erwähnt

1764: Generalmajor Johann Ludwig von Hordt erwirbt die Südspitze der Sacrower Halbinsel, läßt ein Gutshaus bauen und einen bis ans Wasser reichenden Garten anlegen

1780: Heinrich Carl de la Motte Fouqué, Baron de Thonnaiboutonne, ein adliger Hugenotte, kauft das Gut. Sein Sohn, der Dichter Friedrich de la Motte Fouqué, (1777-1843), verbringt hier seine Kindheit

1841: Friedrich Wilhelm IV. kauft gleich nach seinem Regierungsantritt Sacrow. Das barocke Gutshaus wird zum Schloß, Peter Josef Lenné gestaltet den Schloßpark

1844: Die Sacrower Heilandskirche wird eingeweiht

1961: Die Kirche wird durch den Mauerbau zum Niemandsland

24.12.1989: Der erste Gottesdienst seit 28 Jahren in der Sacrower Kirche

1990: Die UNESCO nimmt die Kirche in die Liste des Weltkulturerbes auf

„Dreilinden“ an der Kirche

Ab 1977 quartierte sich die DDR-Zollverwaltung im Sacrower Schloß ein. Auf dem Parkgelände zwischen Schloß und Kirche wurde ein nachgebauter Grenzübergang errichtet, der „Dreilinden“ simulieren sollte. Hier wurden die Schäferhunde der Grenzsoldaten gedrillt, an Autos und Flutlichter gewöhnt. Die bis zu 100 Hunde sollten lernen, an der Grenze Flüchtlinge aufzuspüren.

Direkt am Ufer der Havel liegt die Sacrower Heilandskirche, jahrzehntelang lag sie im Niemandsland

am 9. November 1989 wurde das 128 Meter lange Bauwerk seinem Namen aus DDR-Zeiten – „Brücke der Einheit“ – wirklich gerecht.
Mit dem Mauerfall erwachte auch die Sacrower Heilandskirche wieder zum Leben. Am 24.12.1989 wurde der erste Gottesdienst gefeiert – der längst pensionierte Pfarrer Strauss hielt die Predigt. Die geliehenen Stühle in der kleinen Kirche waren bis auf den letzten Platz besetzt – an den Wänden glitzerten 28 Sterne, einer für jedes Mauerjahr.

Agentenaustausch

Der Austausch von Spionen machte die Glienicker Brücke weltberühmt. Nirgendwo war die Dramatik des Kalten Krieges deutlicher zu spüren als hier: Bei Nacht und Nebel wurde am 12.2.1962 der bei einem Aufklärungsflug über der UdSSR abgeschossene US-Pilot Francis G. Powers gegen den sowjetischen Agent Rudolf J. Abel getauscht. Am 11.6.1985 folgten 23 politische Gefangene gegen vier in den USA verurteilte Ost-Spione. Gemeinsam mit vier im Osten inhaftierten West-Agenten ging der sowjetische Bürgerrechtler Anatol Schtscharanski am 11.2.1986 im Tausch gegen vier Ost-Spione über die Brücke.

Sacrow im Norden Potsdams ist vom Zentrum der Landeshauptstadt am besten über die Nedlitzer Straße (heißt später Am Wiesenrand) zu erreichen. Man muß Krampnitz- und Lehnitzsee umfahren. Bevor die Straße Potsdamer Chaussee heißt, nach links in den Rotkehlchenweg abbiegen

Touristische Tips

In dem neben der **Heilandskirche** stehenden Turm läutet noch immer die älteste Glocke Potsdams (aus dem Jahr 1412) die Gottesdienste ein. Die idyllische Lage am Wasser hatte Friedrich Wilhelm IV. zum Bau der Kirche veranlaßt. Eigentlich sollte sie eine Fischerkirche werden, stattdessen entstand ein Prachtbau aus gelbem Backstein mit horizontalen Bändern aus blauen, gemusterten Fliesen. Die Tradition der **Schiffergottesdienste** wurde aber nicht vergessen. Sie finden an jedem letzten Sonntag im September statt. Die Kirche ist an Wochenenden und Feiertagen ab 11 Uhr zu besichtigen.

Eine Gedenktafel am Haus Lindenstraße 54 erinnert an die Opfer der einstigen Potsdamer Stasi-Untersuchungsanstalt

Fünf Quadratmeter Einzelhaft – das „Lindenhotel“

Fast 20 Jahre danach erinnerte sich Gerhard J. noch genau an seinen ersten Tag im „Lindenhotel“: „Ich wurde durch ein Labyrinth von dunklen Gängen und Treppen geführt. Unheimliche Enge, überall Sicherungsleinen, rotes Licht in allen Bereichen und blinde Fenster. Dann Gitter und nochmals Gitter.“

Als Nummer 53 hatte die Stasi Gerhard J. in eine winzige Zelle gesperrt und in Einzelhaft genommen. Wärter beobachteten ihn rund um die Uhr durch Sehschlitze, Lichtkontrollen raubten ihm den Schlaf und nachts wurde er immer wieder zu stundenlangen Verhören abgeführt. „Ich war müde und kaputt … hatte nur noch den einen Gedanken in Frieden gelassen zu werden…“ Doch Nummer 53 mußte die seelische Folter über sieben Monate in der Potsdamer Stasi-Untersuchungsanstalt an der heutigen Lindenstraße über sich ergehen lassen – wegen des angeblichen Versuchs der Republikflucht, später kam noch Agententätigkeit dazu.

Wer bis 1989 an der „Potsdamer Bastille“ vorbei gehen mußte, wechselte freiwillig die Straßenseite. Wer dort gefangen saß, war meist für lange Zeit ohne Nachricht von den Angehörigen. Er war von der Bildfläche verschwunden. Die düsteren Zellen in dem Backsteingebäude sind bis heute Mahnmal für politische Unterdrückung, aber auch für die Befreiung von ihr durch die friedliche Revolution.

„Stasi in die Produktion“ lautete einer der Wahlsprüche auf den ersten großen Demos in Leipzig. Wenig später stürmten Bürger die verhaßten Zentralen des Ministeriums für Staatssicherheit (MfS), besetzten am zwölften Dezember das Lindenhotel, stoppten Aktenvernichtungen in Potsdam, Cottbus oder Frankfurt (Oder). In Erich Mielkes Berliner Zentrale fanden die Bürgerrechtler über 100 durchgebrannte Reißwölfe und 17.000 Säcke mit zerrissenen Unterlagen. In den Brandenburger Bezirks- und Kreisdienststellen wurden 13.600 laufende Meter Akten gesichert. In ihnen befand sich von Spitzelberichten bis zu Karteien über IMs das schwierige Erbe des real existierenden Sozialismus.

Seit 1950 hatte das MfS als Schild und Schwert der Partei über das Land gewacht, war politische Geheimpolizei, Untersuchungsorgan bei Straftaten und geheimer Nachrichtendienst. Im Mittelpunkt des „ausführenden Organs der Diktatur des Proletariats“ stand die Überwachung der eigenen Bevölkerung mit einem Heer von zuletzt 173.000 inoffiziellen Mitarbeitern und Informanten. Der Einfluß wuchs ständig. Die Zahl der hauptamtlichen Mitarbeiter hatte sich von anfänglich 8.800 bis 1989 mehr als verzehnfacht. Im Bezirk Cottbus kam statistisch ein IM auf 80 Einwohner, im Bezirk Potsdam einer auf 117 Einwohner.

Es wurden Briefe geöffnet, Telefone überwacht oder gezielte Zersetzungsmaßnahmen gegen mißliebige Bürger eingeleitet, ihr öffentlicher Ruf systematisch diskreditiert, planmäßig berufliche und gesellschaftliche Mißerfolge organisiert. Von „Staatsfeinden“ wurden mit Tüchern Geruchskonserven angefertigt, um sie später mit speziell ausgebildeten „Geruchsdifferenzierungshunden“ leichter aufzuspüren.

Daten zur Geschichte

8.2.1950: Gesetz über die Bildung des Ministeriums für Staatssicherheit (MfS)

1957: Erich Mielke wird Minister für Staatssicherheit

1957–1989: Ausbau des Stasi–Apparates mit rund 91.000 hauptamtlichen Mitarbeitern

1958: Richtlinie über die Arbeit mit IMs: „Das Ministerium ist beauftragt, alle Versuche, den Sieg des Sozialismus aufzuhalten oder zu verhindern – mit welchen Mitteln und Methoden es auch sei –, vorbeugend und im Keim zu ersticken.“

1989: Massen-Demos in Leipzig, Gründung Neues Forum. Mielke weist Vernichtung von Akten an. Bürgerrechtler besetzen Stasi-Dienststellen

14.12.: Modrow-Regierung beschließt die Auflösung des MfS

15.1.1990: MfS-Zentrale in Berlin-Lichtenberg wird gestürmt

24.8.1990: Volkskammer beschließt Gesetz zur Öffnung der Archive des MfS

29.12.1991: Bundestag beschließt das Stasi-Unterlagen-Gesetz; Bürger erhalten erstmals umfassend Gelegenheit, Unterlagen einzusehen, die ein Geheimdienst über sie gesammelt hat

In U-Haftanstalten wie dem „Lindenhotel“ hielt die Stasi Gefangene Tag und Nacht für Vernehmungen zur Verfügung. 65 Einzel- und vier Gemeinschaftszellen gab es dafür. Der klassische Spionagefall bildete bei den Verhören freilich die Ausnahme. Meist wurde den Häftlingen Straftaten gegen die staatliche und öffentliche Ordnung vorgehalten, Kontakte zum RIAS Berlin, Lesen eines Hamburger Nachrichtenmagazins oder Ankleben von Zetteln aus Westberlin. Bei vielen Delikten fragt man sich heute, worin eigentlich das Verbrechen bestand. Wie bitterer Hohn müssen daher auf viele Opfer 1989 die Worte Erich Mielkes in der Volkskammer geklungen haben: „Ich liebe doch alle, alle Menschen.“

Nach der Wende setzte der Run auf die Stasi-Akten ein

180 Kilometer laufende Stasi-Akten lagern in Kellern

Das schwierige Erbe

180 laufende Kilometer Unterlagen werden in den Archiven des Bundesbeauftragten für die Unterlagen des Staatssicherheitsdienstes der ehemaligen DDR verwahrt. Darunter sind 35,6 Millionen Karteikarten und mehrere hunderttausend Bild- und Tondokumente. Dreiviertel der Unterlagen sind bisher erschlossen. Bis Ende 1995 gingen über drei Millionen Anträge auf Akteneinsicht ein, darunter rund zwei Millionen Anträge auf Überprüfung vor allem im öffentlichen Dienst. Die Behörde des Bundesbeauftragten hat inzwischen knapp 3.100 Beschäftigte in Berlin und 14 Außenstellen der ehemaligen DDR-Bezirksstädte.

Haus mit dunkler Geschichte

Das Haus in der Lindenstraße wurde von 1734 bis 1737 im Zuge der zweiten Stadterweiterung erbaut und diente den Kommandeuren der Potsdamer Regimenter als Unterkunft. 1818 bis 1820 ist das Haus zum Stadtgericht mit einem neuen Gefangenenhaus umgebaut worden. Von 1907 bis 1909 wurde das noch heute stehende Gerichtsgefängnis gebaut. 1935 brachten die Nazis im Gebäude das Erbgesundheitsgericht unter. 1945 zog der sowjetische Geheimdienst ein, es kam zu Folterungen. Um 1953 übernahm die Staatssicherheit den Bau als Untersuchungsabteilung und Haftanstalt. 1989 begann der Ausbau zur Gedenkstätte.

Information

Das **Untersuchungsgefängnis** in der Lindenstraße 54 ist heute eine **Gedenkstätte gegen politische Gewalt**. Führungen werden nach Anmeldung unter Tel. 0331-2896803 durchgeführt. In Mielkes Berliner Stasi-Zentrale befindet sich im Haus 1, Eingang Ruschestraße 59, „Gedenkstätte Normannenstraße“ (Tel.: 030-5536854).

Wegbeschreibung

Die Lindenstraße wird im Norden und Süden von der Hegelallee und der Breiten Straße begrenzt, verläuft parallel zwischen Dortu- und Schopenhauerstraße

Daten zur Geschichte

9.11.1989: Mauerfall

18/19.12.1989: „Runde Tische“ bilden sich in den Bezirken, Bürgerkomitees sind zur Auflösung der Stasi-Dienststellen tätig

16.2.1990: Ratsvorsitzende der Bezirke beschließen die Neugründung des Landes Brandenburg

20.9.1990: Währungsunion

3. 10.1990: Beitritt der DDR zur BRD. Land Brandenburg entsteht neu; Hauptstadt wird Potsdam

14.10.1990: Landtagswahl in Brandenburg; Manfred Stolpe (SPD) wird zwei Wochen später zum ersten Ministerpräsidenten gewählt

Sekt und Selters: Brandenburg nach dem Mauerfall

Ungläubig starrten Ossis und Wessis am 9. November 1989 auf ihre TV-Bildschirme: „Also, Privatreisen nach dem Ausland können ohne Vorliegen von Voraussetzungen … beantragt werden. Die Genehmigungen werden kurzfristig erteilt“, so Politbüro-Mitglied Günther Schabowski kurz vor 19 Uhr. Auf die Frage nach dem Inkrafttreten der Regelung sagte er, seiner Kenntnis nach „sofort, unverzüglich“. Wenige Worte, immense Wirkung. Ein Massenansturm auf die Übergangsstellen nach West-Berlin setzte ein. 20.000 drängten sich an der Bornholmer Straße – die Grenzer mußten den Weg freigeben. Auch an der Glienicker Brücke wurden die Panzersperren weggerollt. Nach 28 Jahren war die Mauer gefallen.

Klatschend und weinend vor Freude lagen sich wildfremde Menschen in den Armen, küßten sich, trommelten mit bloßen Fäusten auf die Dächer

Stück für Stück wurde die Mauer nach der Wende demontiert. Die East-Side-Gallery an der Berliner Mühlenstraße zwischen Hauptbahnhof und Oberbaumbrücke soll erhalten werden

East-Side Gallery

stehender Trabis und Wartburgs. Grenzer hatten ein breites Lachen auf dem Gesicht, amerikanische Touristen zogen am „Checkpoint Charlie“ Dollarnoten aus dem Geldbeutel und reichten sie – „With a kiss – welcome to liberty“ – in die offenen Wagenfenster. An den folgenden Tagen machten Unis und Schulen dicht, Millionen Menschen pilgerten zu den Grenzübergängen und nach West-Berlin. Geschäfte am Kudamm bauten Freibierstände auf, das KaDeWe mußte immer wieder wegen Überfüllung schließen – ganz Berlin war in Volksfeststimmung und Willy Brandt sagte: „Jetzt wächst zusammen, was zusammen gehört.“
Inzwischen hat sich Ernüchterung eingestellt, der Alltag die Berliner und Brandenburger eingeholt. Es gab große Umbrüche, alte Sicherheiten wie der garantierte Arbeitsplatz oder preiswerte Wohnungen gingen verloren. Ein tiefer Strukturwandel erfaßte die Mark. „Nicht schon wieder eine Vereinigung“, meinten viele Brandenburger, als sie im Mai 1996 gegen die Fusion mit Berlin stimmten. Die große Mehrheit wollte keine neuen Veränderungen.

Information

Über die Geschichte der unmenschlichen Grenzanlage informiert das **Mauermuseum** (Tel.: 030-2511031) in der Friedrichstraße 43/44 am ehemaligen **Checkpoint Charlie**, dem Grenzübergang für Ausländer, Alliierte und Diplomaten.

Heute grüßt Miß Liberty am Checkpoint Charlie, dem einstigen Grenzübergang für Ausländer, Alliierte und Diplomaten an der Berliner Friedrichstraße

Die Mauer und ihr Fall

In der Nacht vom 12. auf den 13. August 1961 marschierten Kampfgruppen auf und schlossen die Übergangsstellen nach Westberlin, der durchgehende S-Bahnverkehr wurde eingestellt. Mit Stacheldraht wurde die Grenze provisorisch abgeriegelt, nachdem in den vergangenen Jahren immer mehr Menschen der DDR den Rücken gekehrt hatten. Dann begann der Bau der vier Meter hohen Mauer. Nachdem am zweiten Mai 1989 Ungarn die Grenze zu Österreich geöffnet hatte, versuchten immer mehr Bürger auf diesem Weg den Westen zu erreichen. Am vierten September demonstrierten in Leipzig viele mit den Rufen „Wir wollen raus". Fünf Tage später gründeten Jens Reich, Bärbel Bohley, Katja Havemann u.a. das Neue Forum in Grünheide. Am 25. September demonstrierten mehrere tausend Leipziger („Wir bleiben hier"). Gorbatschow warnte die alten Kader am sechsten Oktober, dem 40. Jahrestag der DDR: „Wer zu spät kommt, den bestraft das Leben." Am neunten und erneut am 16. Oktober gingen auf den Montagsdemos in Leipzig 100.000 Menschen auf die Straße, am vierten November in Ostberlin 500.000. Fünf Tage später fiel die Mauer.

Sieben Jahre nach dem Mauerfall liegen in Brandenburg Aufschwung und Niedergang immer noch sehr dicht nebeneinander. So gingen im traditionsreichen Nähmaschinen-Werk Wittenberges nach der Wende die Lichter aus und 3.000 Arbeitsplätze verloren. „Platt gemacht", wie ein ehemaliger Angestellter bitter sagte. Es gab viele solcher Beispiele. In den Krisenbranchen Kohle, Stahl und Textil blieben von ehemals über 100.000 Arbeitsplätzen nur etwa ein Fünftel übrig. Im Kontrast dazu existiert aber auch der Neubeginn – moderne Industrieanlagen in Schwarzheide und in den Raffinerien Schwedts, neue Betriebe vor allem im Berliner Umland – dem sogenannten Speckgürtel.

Das Alte und das Neue – überall in Brandenburg ist es noch zugleich gegenwärtig. In vielen Innenstädten verfallen alte Häuser, während sich daneben Baukräne drehen und an einigen Orten bereits der Beginn rekonstruierter Stadtkerne sichtbar wird. Die Zeit des Umbruchs und der Neuorientierung ist in der Mark noch nicht abgeschlossen. Die Zeitreise durch Brandenburg schließt daher an dieser Stelle mit einem offenen Ende.

Symbol der Einheit: Das Brandenburger Tor in Berlin

Schloß Rheinsberg, eine Mischung aus Rokoko und Klassizismus

Das Schauspielhaus am Berliner Gendarmenmarkt

Ein typisches Fischerhaus

Die idyllische Landschaft im Oderbruch

Kristallklares Wasser umgeben von viel Grün – ein See bei Lychen

Alleen durchziehen das ganze Land

Bei Caputh setzt man noch mit einer kleinen Fähre über die Havel

Störche gehören zu Brandenburg wie die Alleen. In vielen Orten findet man Horste auf Schornsteinen oder Scheunendächern. In Rühstädt, einer kleinen Gemeinde im Südwesten Brandenburgs, brüten jährlich unzählige der langbeinigen Vögel